Ballettsaal

Anne Woolliams

Photos Andreas Heumann

Vorwort John Cranko

Belser Verlag

Ballett saal

Übersetzung aus dem Englischen von Effi Biedrzynski

Gesamtherstellung: Chr. Belser Druck- und Verlagshaus Stuttgart

Printed in Germany

ISBN 3-7630-9013-4

Inhalt

Vorwort von John Cranko

„Wie schade, daß sie nur ein tanzender Körper ist!" Dieses vernichtende Urteil fällte ein Mitglied des Königlich Dänischen Balletts über eine Kollegin. Und er formulierte damit geradezu erschöpfend ein zentrales Problem dieser Kunst. Er meinte nämlich, daß jene Tänzerin, die physisch mit allen Eigenschaften einer Primaballerina begabt war, nur langweilen konnte, weil in ihrer perfekten „body-machine" keine Künstlerin steckte.

Große Lehrmeister in der Geschichte des Balletts haben sich niemals darauf beschränkt, körperliche Disziplin allein zu vermitteln. Im Mittelpunkt ihres Bemühens stand und steht vielmehr das Streben nach Harmonie von Körper und Seele durch Förderung und Entwicklung von Geist und Phantasie. Anne Woolliams hat viele praktische – oder besser gesagt – technische Dinge auszuführen, es ist jedoch ihre Methode, jenen angedeuteten Einklang zu erzielen, die diesem Buch seinen unvergleichlichen Wert gibt.

Es gibt zahllose Bücher, die die korrekten Positionen und Bewegungen des Tanzes versuchen zu lehren. Mir ist kein anderes Buch bekannt, dem wie diesem zu zeigen gelingt, wie etwas gedacht und getan werden muß, und nicht,was getan werden soll. Es ist nämlich nicht die Bewegung, die den Tänzer zum Künstler macht, sondern sein Wunsch nach Ausdruck, der die Bewegung motiviert. Der Tänzer ist dann ein Künstler, wenn er das Instrument, das sein hoch spezialisierter Körper darstellt, vollkommen beherrscht und mit ihm auszudrücken vermag, was er zu sagen hat. Der Tänzer ist niemals ein Künstler, wenn dieses Instrument seinem Wunsch nach einer künstlerischen Aussage Grenzen setzt. Wie der Körper zum Mittler einer künstlerischen Aussage werden kann, davon handelt Anne Woolliams Buch.

Anne schreibt sehr persönlich, sie bleibt sich selbst stets treu, sie ist daher oft überaus subjektiv. Das ist gut so, denn es gibt keinen unfehlbaren Weg in den Himmel. Und dogmatische Methoden führen ohnehin nur zu „Fließband-Produkten". Selbstverständlich muß eine Ballettschule über eine einheitliche Lehrmethode verfügen, um die Schüler nicht von vornherein zu verwirren. Wichtiger aber ist es, eine fruchtbare Lehrer-Schüler-Bindung zu schaffen, und dazu ist ein hohes Maß an Freiheit erforderlich. Diese Freiheit bedeutet: für den Schüler die freie Entfaltung seiner Persönlichkeit bei gleichzeitig strenger Ausbildung seines Körpers, für den Lehrer die Unabhängigkeit von fixierten Methoden und die Möglichkeit, sich ganz individuell auf jeden einzelnen Schüler einstellen zu können. Von solchem Freiheitsdenken ist Annes Buch durch und durch beseelt. Anne Woolliams Lehrmethoden haben sich im Ballett der Württembergischen Staatstheater und vor allem in der Stuttgarter Ballettschule bewährt. Sie sind überall spürbar: angefangen bei unserer Primaballerina bis zu den Jüngsten im Kindergarten der Schule.

Es gibt ein altes russisches Sprichwort: „Ein Körnchen Wahrheit wiegt schwerer als die ganze Welt". Wenn wir dieses Körnchen Wahrheit auch nur wenigen unserer Schüler vermitteln können, so sind alle, die zum Bestehen und zum Erfolg der Stuttgarter Ballettschule beitragen, reich belohnt.

Solitude, im März 1973 — John Cranko

Vorbemerkung der Autorin

Der Ballettsaal, den dieses Buch zeigt, liegt zwar im zweiten Stock des Opernhauses der Württembergischen Staatstheater, doch überall, an vielerlei Orten, finden sich Ballettsäle, die diesem bis auf geringe Unterschiede gleichen. Von den „geheiligten" Studios in Paris, Leningrad, Kopenhagen oder Mailand bis zu dem fensterlosen Souterrain des New Yorker Lincoln Centre, vom berühmten Keller in Monte Carlo, wo man staunt, daß die in die Höhe gestemmte Tänzerin es schafft, Röhren und Eisenträger zu meiden, die kreuz und quer unter der Decke verlaufen, bis zu den luftigen Hallen moderner Ballettschulen - in allen ertönt dieselbe Musik, alle sehen dieselben Enttäuschungen, dieselben Erfolge, alle füllt das seltsame Schweigen der stillen Stunden, wenn die Tänzer auf und davon sind.

Vier Wände und ein hölzerner Fußboden, der Barren, ein Spiegel und das Klavier machen noch nicht den Ballettsaal; erst die Aktivität, die sich hier entfaltet, wandelt den Raum in ein Studio, und diese Aktivität wiederum vermag nur ein einfallsreicher Choreograph, den ein tatkräftiger Intendant unterstützt, hervorzurufen, die beide für alle Mitarbeiter einer Ballettcompagnie sorgen und sie an der rechten Stelle einsetzen. Als Walter Erich Schäfer, Generalintendant der Württembergischen Staatstheater, 1961 John Cranko als Ballettmeister nach Stuttgart berief, hatte er bereits der künftigen Saat den Boden bereitet und schützte in den folgenden Jahren klug und geschickt die zarten Triebe vor Sturm und Dürre. John Cranko seinerseits trieb die Entwicklung voran. Durch seinen unbedingten Glauben, daß Unmögliches möglich sei, gab er seinen Tänzern Mut und war für jeden, der mit ihm arbeitete, ein Ansporn. Cranko befiehlt selten, und niemals kränkt er einen Menschen durch herablassendes Gebaren, denn er ist ernstlich von der unantastbaren Würde des Individuums überzeugt. Stillschweigend erwartet er von seiner Compagnie und den übrigen Mitarbeitern, daß sie wie Künstler von höchster Kultur und Sensibilität reagieren; unwillkürlich müht sich jeder, dieser Erwartung zu entsprechen.

Die zehnjährige Arbeit mit und für John Cranko bedeutet für mich einen Wachstumsprozess von Kontinuierlichkeit und großer Intensität. Besonders lernte ich zu unterscheiden, was wahrhaft schätzenswert ist, ich bekam einen geübten Blick für jede ärgerliche Falschmünzerei. Beiden Männern, Walter Schäfer ebenso wie John Cranko, verdanke ich viel.

Auf gut Glück notierte ich mir unterwegs, was mir zum Thema dieses Buches einfiel: in Deutschland und Amerika, in Rußland und in Südafrika, an der Küste Israels und in stillen Gärten Englands. Das könnte die irrige Vorstellung eines „Süßen Lebens" erwecken, es ist aber nur das Los des Ballettmitglieds auf Tournee. Dieser Band ist ein Buch von der Arbeitswelt des Balletts, und meine Hoffnung geht dahin, daß es von vielen gelesen wird, die am Ballett interessiert sind. Über alle Grenzen hinweg verbinden Tänzer, Lehrer und auch die Liebhaber dieser Kunst viele Gemeinsamkeiten. Das ist wohl einer der Gründe, daß der Tanz so leicht nationale Schranken überspringt und zu einem wirksamen Mittel menschlicher Begegnung wird. Vielleicht kann man darum in Rio ebenso gut über Ballett schreiben wie in Riga.

Da ich in Stuttgart eine doppelte Funktion erfülle, die mich täglich sowohl mit Schülern als auch mit Tänzern zusammenführt, wird mir immer wieder bewußt, daß der junge Eleve notwendigerweise so etwas wie eine „zweite Geburt" erleiden muß, wenn er von der Ballettschule in eine Ballettcompagnie überwechselt. Viele Schulen eifern nur danach, ihre Schüler möglichst in einer solchen Compagnie unterzubringen. Was dann geschieht, entzieht sich ihrer Kontrolle. Obwohl sie selbstverständlich ihren Zöglingen weiterhin jeden Erfolg wünschen, haben sie selbst zunächst ihr unmittelbares Ziel erreicht. Doch den jungen Tänzer beschleicht manchmal das Gefühl völliger Verlorenheit. Er war auf die Hierarchie nicht vorbereitet, die stillschweigend jede Compagnie regiert. Ihm fehlt die Bewunderung der jüngeren Mitschüler von ehedem, und er ist verletzt, wenn all die technischen Kunststücke, um die er sich so heiß mühte, kaum das Interesse der erfahrenen Tänzer erregt. Diese Kluft möchte ich überbrücken. Darum schrieb ich das Buch gerade für junge Menschen, für Schüler und angehende Tänzer. Ich dachte auch an die Lehrer, die hinter diesen jungen Künstlern stehen und ihnen helfen, ihren Weg zu finden.

Ursprünglich war geplant, diesen Band mit Photos zu illustrieren, die sich direkt auf den Text bezögen. Also Tänzer auf der Bühne und Kinder beim Training, immer zugleich das Richtige und daneben die Fehler. Doch die Begegnung mit dem Londoner Photographen Andreas Heumann bewahrte das Buch vor diesem prosaischen Verfahren. Er besaß keine Balletterfahrung, doch gerade darum vermochte er klar und ohne Scheuklappen zu sehen. Bar jeder vorgefaßten Meinung verliebte er sich in unser Metier; er drang zum Kern vor und begriff das Wesen dieser Kunstform. Und gerade darüber wollte ich in diesem Buch schreiben. Die Beweise, die mir seine Kamera liefert, mindern die Ungenauigkeit meiner Worte. Sie zeigen, was ungesagt bleiben mußte, sie sind zur Stelle, wenn das Wort nicht ausreicht. Heumanns Bilder bedürfen keiner Erklärung; die Stimmung, die sie ausstrahlen, entspricht dem Inhalt dieses Bandes.

Alle Aufnahmen entstanden in Stuttgart. Sie zeigen Compagnie und Schüler bei Probe und Training. Kein Tänzer wird mit Namen genannt, was die besondere Arbeitsatmosphäre des Ballettsaals fordert, die, im Gegensatz zur Schaustellung des einzelnen, eine homogene Gruppe schafft. Doch es ist mir ein Bedürfnis, an dieser Stelle allen Mitgliedern der Compagnie zu danken und ihnen meine Zuneigung zu versichern, da sie durch ihre Konzentration und ihren Eifer uns diese Illustrationsart ermöglichten.

Auch Effi Biedrzynski möchte ich danken, die dieses Buch ins Deutsche übertrug. Für mich ist es eine Freude, daß sie nicht nur ihre Erfahrung und Einsicht diesem Buch angedeihen ließ, sondern dessen Schreiberin ihre Freundschaft schenkte.

Doch vor allem ist es für mich eine unabdingbare Pflicht, meinem Verleger Hans Weitpert meinen Dank abzustatten für seine Bereitschaft, sich auf meinen Buchplan einzulassen,und für seine großzügige Unterstützung, die er mir bei dessen Durchführung gewährte. Der besondere Dank gilt ebenso seinen Mitarbeitern, deren Überblick, Zähigkeit und Einfallsreichtum das vorliegende Buch ganz zu dem werden ließen, was es ist.

Stuttgart, März 1973 Anne Woolliams

Ballett als Beruf

Auf die Gefahr hin, viele wohlmeinende, liebevolle und opferbereite Damen zu kränken, gestehe ich, daß ich noch immer das „Don't put your daughter on the stage" Noel Cowards, einen Rat, den er Mrs. Worthington gab, für die meisten Ballettmütter ausgezeichnet finde. Er gilt auch für die unter ihnen, die ihre Töchter in der Ballettschule mit der Mitteilung anmelden, daß ihr Vater natürlich nicht wünsche, sie nehme die Sache allzu ernst, doch das Kind tanze nun mal so gern nach dem Radio. Wenn manche Väter bei der ersten intelligenten Äußerung ihres Nachwuchses den Sohn bereits als Premierminister sehen, dann erblicken noch mehr Mütter eine Straße des Ruhms, die, gesäumt von seufzenden Anbetern, sich vor ihren Töchtern öffnet. Diese Tochter wird zu einem Wesen, erhaben über Staubsauger und Waschmaschine; ein Leben voll Glanz und Glorie, ein Leben des Reichtums und der Reisen harrt ihrer; nichts anderes als eine Prima Ballerina wird sie einmal sein. Wie traurig ist oft das Geschick dieser vergötterten Kinder. Wenn Mary, knapp ein Dutzend Jahre alt, die Waage besteigt, und der Zeiger fast auf sechzig Kilo weist, will der Mutter immer noch kein Licht aufgehen, und Mary ist bereits von dem Glauben fest durchdrungen, daß die großen Theater dieser Welt ihre Bestimmung sind. Ich glaube, es gibt keinen Beruf, der mehr Jünger im Alter von zehn Jahren anzieht und zehn Jahre weiter mehr Enttäuschte ausstößt. Die Antwort auf diese Situation kann nur Noel Cowards Wort sein: „Schickt eure Töchter nicht auf die Bühne!" Wenn die Bühne sie braucht, wird die Bühne sie entdecken. Diejenigen, die für das Ballett geschaffen sind, gehören zu den Auserwählten. Sie werden ihren Weg trotz aller Widrigkeiten finden. Die guten Tänzer, das sind Professionals, das sind die Tänzer, die durchhalten. Ballett ist kein Beruf für die Schwachen und Unentschlossenen, die Faulen, noch ist es eine Karriere der Arroganten, Kalten, Plumpen.

Tanzen ist für jedermann, Ballett aber ist die Sache der wenigen.

Ein Abgrund gähnt zwischen den beiden. Das sollte klarer gesehen und weiteren Kreisen bekannt sein. Ich möchte das näher erläutern. Kinder sollten tanzen lernen. Niemand dürfte sie abhalten. Im Gegenteil, man sollte sie dazu drängen. Für viele Rassen macht noch immer der Tanz einen Teil des Lebens aus. Den glücklichen Kindern dieser Zonen ist darum Tanzen kein Problem. Auch denen nicht, die an Orten aufwachsen, wo sich Tanzschulen im Überfluß finden und moderne Eltern ihre Kinder ermutigen, sie zu besuchen, da im gleichen Maße, wie die Technisierung unseres Lebens zunimmt, die körperliche Aktivität sinkt. Arme, kleine, reiche Geschöpfe werden, was Zeit und Mühe kostet, in Limousinen zu ihrem Unterricht gefahren, und weniger Privilegierte hocken zu Hause vor dem Fernsehschirm. Trotzdem tanzt die Welt. Sogar in Zirkeln hochgebildeter Wissenschaftler hopst man nach der Musik, wenn ein gesellschaftlicher Anlaß dazu einlädt. Doch an dieser Stelle öffnet sich der Abgrund. Professionelles Ballett ist vom Gesellschaftstanz geschieden wie glasierte Maronen von Roßkastanien. Der Tänzer, der über die Fähigkeiten verfügt, die das Klassische Ballett braucht, ist ein äußerst seltener Vogel. Er taucht nur auf, wenn vielerlei Umstände sich vereinen. Er oder sie müssen schön sein. Der Knochenbau, die gesamte Konstitution haben den Maßstäben des Klassischen Balletts zu genügen. Er oder sie, beide müssen – das ist unabdingbar – Talent besitzen; sie müssen intelligent, willensstark, sie müssen voller Hingabe sein. Sie sollten alle Attribute ihr eigen nennen, die mit Anmut und Charme zusammengehen: einen ausgeprägten Sinn für Rhythmus und Harmonie, dazu Energie, Gesundheit, Humor. Ihm oder ihr sollte es möglich gewesen sein, die Ausbildung im richtigen Zeitpunkt zu beginnen. Das heißt bei einem Mädchen nicht später als mit zwölf, bei einem Jungen nicht später als mit vierzehn Jahren. Für beide wäre ein um etwa vier Jahre früherer Termin vorzuziehen. Beide sollten auch das Glück gehabt haben, einen klugen inspirierten Lehrer als Führer zu finden. Es wäre ideal, wenn er oder sie von jung auf mit der Arbeit erstklassiger Tänzer, Choreographen und Musiker konfrontiert würden und mit derartigen Leuten auch in den Entwicklungsjahren, in denen sie sich formen und bilden, Kontakt hielten. Selbstverständlich gibt es derartige Wunderkinder wie das Lied in der Wildnis, doch um diese Gaben zum Blühen zu bringen, müßte diese seltene Kreatur noch das Glück haben, im rechten Augenblick am richtigen Ort und von der richtigen Person gesehen zu werden. Nur diejenigen, die entdeckt worden sind, können gefördert werden. Für sie muß alles getan werden, um ihren Gesang, um die Farbenpracht ihres Gefieders zu erhalten.

Wir wollen annehmen, daß solch ein sterbliches Wesen in der Familie auftaucht, die keinerlei Verbindung zur Bühne hat. Was dürfen die Eltern für ihr Kind erwarten, welche Vorteile bietet die Zukunft in einer Ballett-Compagnie, die die Vorzüge eines „normalen" Jobs übertreffen? Befriedigung ist vielleicht der größte Gewinn. Menschen, die einen Beruf gefunden haben, der ihnen gestattet, das zu tun, was sie gerne tun möchten, und zwar so gut, wie sie irgend können, arbeiten nicht, um zu existieren, noch existieren sie, um zu arbeiten, sondern sie „leben" das Leben; sie sind mit sich selbst identisch, was in der Tat ein großes Geschenk ist. Hat ein Tänzer Erfolg, so kann er damit rechnen, daß er viel reist und Gelegenheit hat, nicht nur Menschen fremder Länder kennenzulernen, sondern darüber hinaus gerade die Interessanten, Berühmten und Bizarren. Die Welt, die verschiedenen Schichten der Gesellschaft öffnen sich leichter dem Künstler als anderen Sterblichen. Wahrscheinlich, weil er das Leben so widerspiegelt, daß jedem einzelnen die Identifikation möglich ist, heißen ihn alle als Verkörperung der geheimsten Sehnsüchte des Durchschnittsmenschen willkommen. Tänzer sind fast immer tolerant und kennen keine Heuchelei; sie verfolgen meist keine Privatinteressen und gefährden darum nicht die Barrieren, die bestimmte Gruppen um ihre Zirkel errichten. Gesellschaftliche Diskriminierung ist Künstlern ein Greuel. In einer Ballett-Compagnie, einer kleinen Gruppe hart arbeitender Leute, die oft verschiedenster Nationalität sind und aus allen möglichen Schichten stammen, bildet sich meist in der Zusammenarbeit ein starkes gemeinsames Band. Viele Mitglieder des Balletts sprechen zwei oder drei Sprachen, nicht daß sie unbedingt damit aufgewachsen wären, sondern weil ihnen die Gelegenheit bequem zur Hand ist. Das hilft oft, Hemmungen abzubauen und mit den Menschen eines anderen Volkes eine direktere, wechselseitig produktive Verbindung herzustellen. Mit einem Wort: ein Tänzer hat die Möglichkeit, wirklich ein Mensch zu sein. Ein Vorzug ist auch, daß es glücklich macht, andere zu beglücken, und genau das vermag der Tänzer. Man könnte einwenden, daß auch ein Eisverkäufer oder ein hübsches lächelndes Mädchen Vergnügen bereitet, doch der wahre Künstler berührt tiefere Saiten im Menschen. Er bereichert jenen Bezirk, den wir trotz der Ödnis unseres Lebens mit uns tragen, einen Bezirk voller Stille und geistiger Kraft.

Wenn die Eltern konkrete Sicherungen für die materielle Basis der Zukunft ihres Kindes wünschen, kann man sie nur darauf hinweisen, daß jede Karriere ein Hasardspiel ist und daß ein Erfolg beim Ballett wie in jedem anderen Beruf mehr oder weniger von Glück und Zufall, die nicht zu gängeln sind, abhängt. Gewiß, die sehr Berühmten können beträchtliche Summen Geldes verdienen und in einigen wenigen Fällen mit den großen Stars der Oper, des Schauspiels und

des Films wetteifern, aber aufs Ganze gesehen, muß man zugeben, daß die Einkünfte eines Tänzers keinesfalls die Länge und Kosten des Trainings, noch die Kürze der Karriere ausgleichen. Alles ist aber in langsamer Wandlung begriffen. Staatstheater, zu deren Ensemble Tänzer gehören, erhöhen nach und nach das Salär und sorgen selbstverständlich für eine angemessene Lebenssicherung und Altershilfe. Doch im allgemeinen gilt, daß die Zukunftsaussichten für einen Tänzer prekär sein können.

In Deutschland, wo gegenwärtig die Bedingungen für Angehörige eines Balletts wahrscheinlich besser sind als in jedem anderen westeuropäischen Land, ist es eine Schmach, daß noch immer das Mindesteinkommen eines Anfängers, der nach zehn Jahren Training und schärfsten Auslesebedingungen in das Corps de Ballet eintritt, von dem Orchesterumfang des Hauses abhängt und auf jeden Fall noch unter dem niedrigsten Gehalt eines Mitglieds des Opernchors liegt. Während der ganzen Laufbahn hält sich diese Diskrepanz, und selbst als erste Solisten können Tänzer nicht mit Einkünften rechnen, die denen ihrer Kollegen von der Oper entsprechen. Der tänzerische Körper ist vielleicht das spezialisierteste und perfekteste Instrument, das der Bühne zur Verfügung steht, doch da mit ihm aber nur durch größte körperliche Anstrengung Geld zu verdienen ist, braucht sich dieses Instrument sehr viel rascher ab als die Talente anderer Künstler. Diese falsche Einschätzung des Tänzers ist für mich ein steter Kummer, und ich würde vorschlagen, daß man sie rasch revidiert. Die Indifferenz, die Regierungen und Länder an den Tag legen, ist schwer mit dem Enthusiasmus in Einklang zu bringen, der gegenwärtig Ballett-Compagnien als Werkzeug des diplomatischen Verkehrs und den „Tanz" entschieden als kulturelles Status-Symbol benutzt. Diesem Widerspruch ist zweifellos auch zuzuschreiben, daß in der westlichen Welt nur wenige junge Männer ernstlich die Ballett-Karriere ins Auge fassen. Ich verstehe die Befürchtungen der Eltern, trotzdem bin ich der Überzeugung, daß die von mir angedeuteten Vorteile durchaus zugunsten des jungen Mannes in die Waagschale fallen sollten, der die Absicht hat, seine Zukunft auf das Ballett zu gründen. Eltern sollen verstehen, daß (vorausgesetzt, die Schularbeiten werden nicht vernachlässigt) ein Junge, der bis zu seinem sechzehnten Lebensjahr täglich eine Tanzstunde absolviert, unmöglich eine künftige Karriere gefährden kann. Im Gegenteil, er kräftigt und bildet seinen Körper, was seine Chancen innerhalb des Balletts, sollte er sich ernsthaft dafür entscheiden, bestimmt erheblich steigern wird. Ein guter Tänzer wird mit den Engagements kaum Mühe haben. Im Schnitt kann er von seinem achtzehnten und neunzehnten Lebensjahr an bis zu seinem vierzigsten – wenn er Charaktertänzer ist, sogar noch länger – mit steigenden Einnahmen rechnen. Ich werde oft gefragt, was dann geschehen soll. Ein Mann steht sonst in diesem Alter vor dem produktivsten und erfolgreichsten Abschnitt seines Lebens; der Tänzer steht am Ende. Unglücklicherweise scheint das zu stimmen. In Wahrheit aber ist nur die Zeit des „aktiven" Tanzens vorüber, und alles, was sich der Tänzer in den langen Lehrjahren zu eigen machte, kommt ihm nun zustatten. Man mag fragen: Lehrjahre wofür? Und ich kann nur wiederholen: Lehrjahre, um ein Mensch zu werden. Das ist keine materielle Basis, höre ich den Vater antworten, und er ist im Recht. Alles hängt davon ab, was man vom Leben erwartet und worauf man Wert legt. Während seiner Bühnenjahre kann ein Mann sich und seine Familie in vernünftigen Grenzen bequem versorgen. Arbeitet er beim Film oder gelingt es ihm, sich einen Namen zu machen, werden seine Einnahmen über dem Durchschnitt liegen. Hat er keinen Anspruch auf eine Altersversorgung, so daß er sich zurückziehen und seinen Privatinteressen nachgehen könnte, stehen ihm immer noch verschiedene Wege offen.

Zunächst die Choreographie. Will er auf diesem Gebiet erfolgreich sein, so sollte er bereits, während er noch tanzte, Ballette

geschaffen und arrangiert haben. Auf diese Weise seinen Lebensunterhalt zu verdienen, kann weder gelehrt noch gelernt werden. Musikalität und eine wohlbalancierte Mischung angeborener Talente sind die unerläßliche Voraussetzung. Es ist ein bedenkliches Mißverständnis, zu glauben, daß jeder phantasiebegabte Mensch, der Mut und Schwung hat, Einfälle zu artikulieren, eines Tages einfach anfangen könnte, ein Ballett einzurichten. Ehe die schöpferische Begabung eines Choreographen sich zu entfalten vermag, muß er mit dem Vokabular des klassischen und modernen Tanzes vertraut sein; er muß aus Instinkt oder durch gründliche Studien auch die folkloristischen Tanzmöglichkeiten kennen. Er muß weiter die Reife besitzen, um mit einer Gruppe von Tänzern zurechtzukommen, die zu einem bestimmten Zeitpunkt und zu einem bestimmten Zweck engagiert sind und nun auf seine Inspiration warten, die ihren künstlerischen Ehrgeiz unbedingt stillen soll. Bis zu einem gewissen Grad ist ein Choreograph immer von seinen Mitarbeitern und Interpreten abhängig, denn sie können ein gutes Ballett steigern, doch sie können ein schlechtes Ballett nicht retten. Man muß wissen, daß die Geburt eines Balletts harte Arbeit und viel handwerkliches Können fordert und daß lange Lehrjahre, gewöhnlich als Tänzer, hingehen, um einen Choreographen zu bilden.

Nun zum Ballettmeister oder Ballettlehrer. Für diese Berufe ist es noch wichtiger, daß der Tänzer oder die Tänzerin die volle Ballett-Schulung hinter sich haben und Jahre Mitglied einer Ballett-Compagnie waren. Nur persönliche Erfahrung kann den Mann oder die Frau in die Lage versetzen, mit den unzähligen Problemen und Krisen fertig zu werden, die ständig auftauchen, wenn man an der Stelle arbeitet, an der sich die Interessen des Choreographen, der Tänzer, des Dirigenten, die Interessen der Ausstattung und der Verwaltung überschneiden. Ein guter Ballettmeister sollte von seiner Compagnie respektiert werden, er sollte mit Geduld und einem aufmerksamen Auge begabt sein; er sollte Festigkeit und Fairness besitzen und fähig sein, den Balletten ihr „Leben" zu erhalten, deren Proben an ihn übergehen, nachdem die erste Begeisterung, etwas Neues geschaffen zu haben, verraucht ist, und der Choreograph bereits mit dem nächsten Werk schwanger geht.

Für den Ballettlehrer ist die Bühnenerfahrung nicht ganz so wichtig, obwohl sie ihm auch zum Vorteil gereicht, besonders wenn an seinen Kursen Professionals und ältere Schüler teilnehmen. Doch gut geschulte Tänzer und auch Tänzerinnen dürfen, wenn sie pädagogisch begabt sind, auch schon nach wenigen Theaterjahren, auf eine lange und erfolgreiche Karriere als Lehrer hoffen.

Nun zur Kritik. Es ist nicht wahr, daß Tänzer unwissend oder ungebildet wären. Viele unter ihnen sind im Gegenteil recht belesen und wohl imstande, ihre Meinung klar und konstruktiv darzutun. Vielleicht besteht für den Tänzer, der Kritiker wird, die Gefahr, den Tanz zu intensiv von der körperlichen Seite her zu sehen und dem geistigen Geschehen auf der Bühne nicht ganz gerecht zu werden. Dennoch ist er besser ausgerüstet, ein Urteil über ein Ballett zu fällen, als manche Journalisten, die ihre „Artikel" schreiben ohne zureichende künstlerische Sensibilität und ohne Kenntnis des Ballett-Handwerks.

Noch mancherlei Wege öffnen sich innerhalb des Theaterbetriebs dem Tänzer: von der Regie bis zur Bühnenbildnerei, vom Management bis zur Verwaltung. Durch die breit gefächerte Erfahrung, die ein Mann erwirbt, der sich in der Weise, die ich oben schilderte, die Welt angesehen und Menschen verschiedenster Lebensbereiche kennengelernt hat, ist es ihm möglich, neue Ideen aufzunehmen und sich neuen Berufsbedingungen anzupassen. Tänzer haben auch oft eine ausgeprägte visuelle Begabung und dringen erfolgreich in andere künstlerische Bereiche ein. Fast alle Berufe, die ich nannte, sind ebenso Frauen zugänglich, obwohl für sie das Problem einer „zweiten

Karriere" nicht so dringlich ist. Die meisten heiraten, zwar vergleichsweise spät, zwischen fünfundzwanzig und fünfunddreißig, zeigen sich dann aber als „jugendliche" Mütter.

Selbstverständlich werden nicht alle ausgebildeten Tänzer Angehörige einer Ballett-Compagnie, noch wünschen sie das. Da das Angebot sehr viel größer als die Nachfrage ist, sind die Compagnien wählerisch geworden und akzeptieren nur Bewerber mit außerordentlichem Talent oder die Auslese ihrer eigenen Schule. Das hat zwei Vorteile. Einmal ist der Standard selbst des durchschnittlichen Compagnie-Mitglieds sehr gestiegen, und zum andern stehen Theater und Film glänzend geschulte und begabte Künstler zur Verfügung. Viele treten in das Ballett eines Opernhauses ein, andere sind beim Fernsehen beschäftigt oder tanzen in Musical und Operetten. Aus verschiedenen Ursachen sind die Ansprüche, die man in Amerika an das Show-business stellt, besonders hochgeschraubt. Am Broadway arbeiten einige der besten Choreographen der Welt und ziehen die guten Kräfte dorthin. Die Konkurrenz, der sich der einzelne gegenüber sieht, ist hart, oft geradezu halsbrecherisch, doch entschieden zu Höchstleistungen anspornend. Das gilt auch von Rußland, wo Künstler sehr gehätschelt und respektiert werden, ganz gleich, ob sie nun in dem geliebten Ballett, ob sie im Zirkus, im Varieté oder in den Volkstanzgruppen verschiedener Gebiete arbeiten. Ungewöhnlich ist in den osteuropäischen Ländern der hohe Status des männlichen Tänzers, der dem anderer Künstler, dem der Musiker, Sänger und Schauspieler, gleicht. Obwohl die westliche Welt sich noch immer unter der Nachwirkung des 19. Jahrhunderts, das dekadenterweise den männlichen Tänzer zur Nebenrolle verdammte, unsicher zeigt, arbeiten mehr und mehr moderne Choreographen in Gedanken gerade an den männlichen Tänzer, den sie oft als zentrale Figur einsetzen und dadurch endlich zu einem Ballett zurückfinden, das Enthusiasmus und Kraft atmet, die ihm lange fehlten. Nahezu in allen Volkstänzen ist es der Mann, dem die dominierende Rolle zufällt. Er vollführt die wahrhaft virtuosen Schritte und Sprünge, ihm gehört die spektakuläre Schau. Ähnliches wäre, bei noch größerer Muskelkraft, im Ballett möglich.

Da nicht alle Tänzer den Ruf eines Tugendhelden genießen, ist ihre Lebensart zahllosen Mißdeutungen ausgesetzt. Der kleine Angestellte, der gegen neun im Berufsverkehr sich vorwärts schiebt, ist überzeugt, daß im gleichen Augenblick der Tänzer noch die Nachwehen der letzten durchfeierten Nächte ausschläft, und kann sich nicht vorstellen, daß sich dieser Schmetterling gegen zehn unter den Nachzüglern durch denselben Verkehr zu seinem Training zwängt. Die Verkäuferin wiederum ist des festen Glaubens, daß die Ballerina nach jedem Ballettabend, überschüttet von Orchideen und Chanel No. 5, von einem Alfa Romeo aufgenommen und zu romantischen Rendezvous entführt wird, während diese in Wahrheit ihre Trikots wäscht und ein rasch gekochtes Ei ißt, bevor sie zu Bett geht. Dieser Glaube an das „gefährliche Leben" gibt dem Ballett Glanz und nützt indirekt auch dem Tänzer. Aber obwohl es nicht meine Absicht ist, ein erfülltes und farbenfrohes Leben ins Triste und Graue umzufärben, muß ich doch darauf hinweisen, daß diese gewissenhaften und überaus fleißigen Männer und Frauen oft unnötig unter den falschen Vorstellungen leiden, die das Ballett bei vielen erweckt. Wenn zum Beispiel Wirtinnen ihren möglichen Mietern die Tür vor der Nase zuschlagen, weil sie „bei sich keinen vom Theater wollen", ist des Tänzers Überraschung gerechtfertigt. Er ist im allgemeinen zu sehr beschäftigt, um sich politisch zu engagieren, er ist zu müde, um laut zu sein, zu diszipliniert, um sich als Störenfried aufzuführen, und zu liebevoll für rasch wechselnde Affären. Wenn andere Menschen Sensationen suchen, da ihr Alltag zu eintönig ist, suchen umgekehrt Tänzer, die in einer – hinter den Kulissen – stark mit Spannung geladenen Atmosphäre leben, als Ausgleich oft ein häusliches, von Treue erfülltes Dasein.

Ballettunterricht

Junge Menschen für das Ballett vorzubereiten, ähnelt der Aufgabe, in eine Muschel ein Sandkorn zu praktizieren. Nur wenn man den Trick kennt, wie die Schale zu öffnen ist, ohne die Kreatur zu verletzen, darf man Resultate erhoffen. Mehr oder weniger unbeachtet, kann man sie ihrem Schicksal überlassen. Langsam wird sich um das Korn die Perle bilden – vielleicht geschieht sogar das Wunder, daß die Muschel bereits eine der seltenen, naturgegebenen Perlen in sich trug! – Kinder aber verlangen Tag um Tag unsere ungeteilte Aufmerksamkeit,und selbst dann erweist sich manchmal,daß alle Mühe vergeblich war. Über die Technik des Tanzes ist viel geschrieben worden, doch wie alle darstellenden Künste kann auch der Tanz nicht durch Bücher gelehrt werden. Sie dienen anderen Zwecken. Ein Lehrer kann sich zum Beispiel bei ihnen Aufklärung zu diesem und jenem Punkt holen, der ihm dunkel blieb, oder er kann sich über die verschiedenen Trainingsmethoden von gestern und heute orientieren, die er unbedingt kennen müßte. Aber das Vertrauen und die Achtung zwischen Lehrer und Schüler, unabdingbare Grundlage jeder erfolgreichen Erziehung, können sich nur im Ballettstudio entwickeln.

Persönlich stehe ich dem Versuch, mich Kindern mit Hilfe psychologischer Methoden zu nähern, eher skeptisch gegenüber und ziehe vor, aufkommende Probleme natürlich und offen und mit gesundem Menschenverstand zu lösen. Dabei ist mir bewußt, daß jeder Unterricht – das Ballett macht keine Ausnahme – weithin von der Persönlichkeit des Lehrers abhängt. Selbstverständlich kann dasselbe Individuum sich für das eine Kind als Brücke und für das andere als Hemmschuh erweisen, was zweifellos ein psychologischer Tatbestand ist. Doch ein einsichtsvoller Erzieher weiß das. Er wird sich um Fairness, um die Ausschaltung persönlich gefärbter Vorurteile mühen und suchen, jedes einzelne Kind auf diese Weise zu fördern, die gerade diesem Kinde nottut. Mehrere Unterrichts-Systeme sind im Bereich des Klassischen Balletts erarbeitet worden. Zweck dieses Buches ist jedoch keineswegs, das Pro und Contra der verschiedenen Methoden zu diskutieren, sondern es möchte eher unterstreichen, wie unerläßlich es ist, sich für *ein* System entschieden zu haben, nach dem man Kinder schult, die hoffen, einmal den Tanz zu ihrem Beruf zu machen. Meiner Überzeugung nach sind für die Schüler die jährlichen Prüfungen ein Anreiz und innerhalb ihres Blickfeldes ein Ziel, das der Perfektionierung der Schritte, die sie üben, größere Dringlichkeit verleiht. Dieses Ziel zwingt auch den Lehrer zu einer Konsequenz, die unmöglich wird, wenn dem Studiengang kein Plan zugrunde liegt.

Wo mehr als zwei Lehrkräfte nebeneinander wirken, müßte unbedingt ein einheitliches System akzeptiert werden. Sonst besteht die Gefahr, daß Kinder widersprüchliche Korrekturen erhalten und die Arbeit des einen Erziehers die des andern ohne böse Absicht zerstört.
Um für den Aufbau des Unterrichts einen Maßstab zu gewinnen, der zum Rahmen der schulischen Organisation dienen könnte, schlage ich, ohne mich allzu autoritär gebärden zu wollen, folgende Punkte vor, die ich allerdings für unerläßlich halte:
1. Die Klassen sollten den Altersstufen gemäß unterteilt sein.
2. In jedem Jahr müßte die gegebene Schrittzahl, die sorgfältig im Hinblick auf die Entwicklung der Schüler zu wählen ist, erlernt und beherrscht werden.
3. Die Terminologie müßte konsequent durchgehalten werden.
4. Hinsichtlich der Schritt-Analyse und der Details jedes Pas hat unter den Lehrern volle

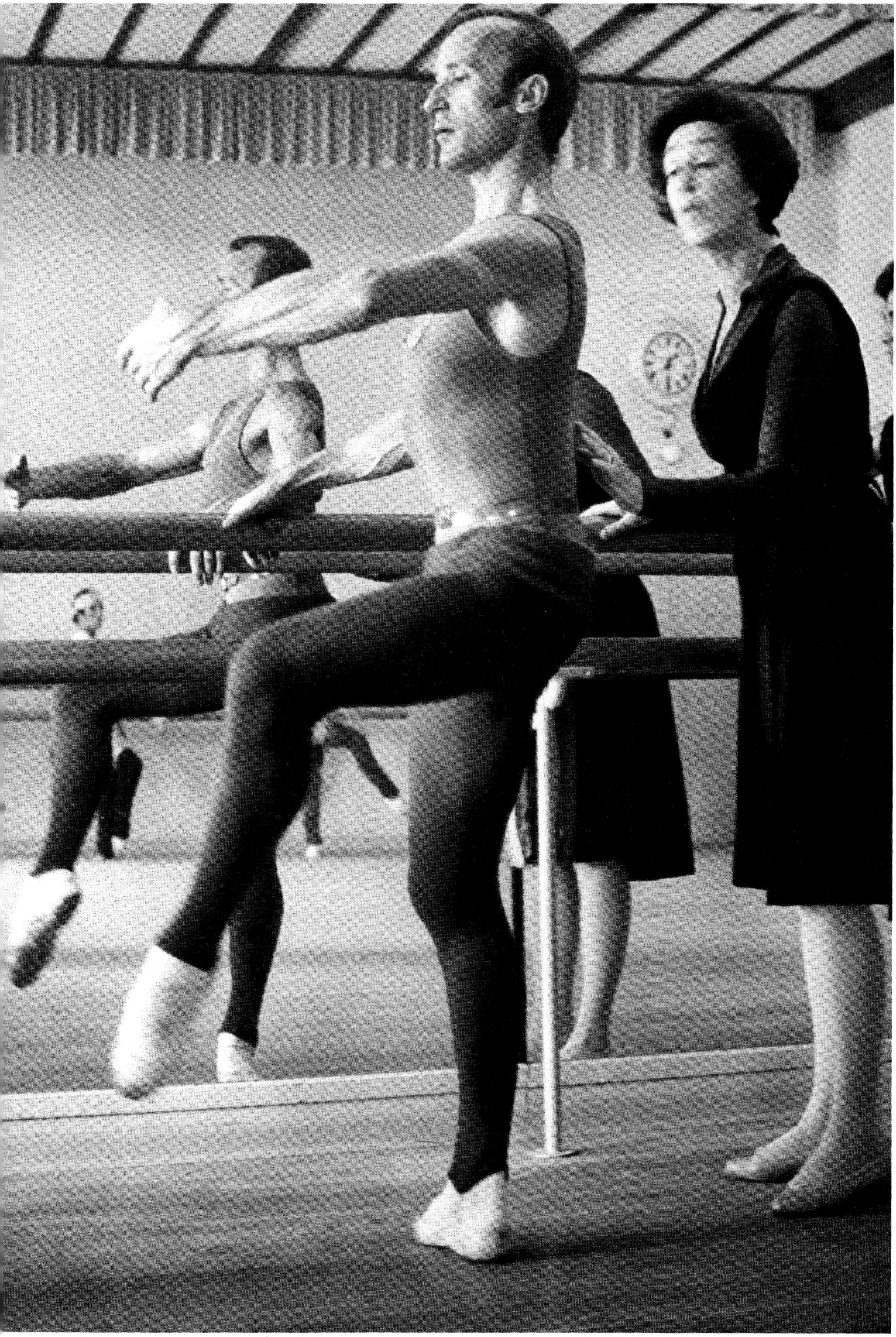

Übereinstimmung zu herrschen.
So wird von einem Kind beim Übergang in die nächste Klasse, mit vielleicht einem neuen Lehrer, nicht verlangt, die im Vorjahr geleistete Arbeit zu vergessen, sondern der Schüler kann dem schon gelegten Grund Baustein um Baustein hinzufügen und sich in geplanter Präzision seinem Ziel nähern. Viele Erzieher fürchten, daß ihre Kurse durch die Innehaltung eines strikten Lehrplans an Frische verlören und ihnen die individuelle Handhabung des Unterrichts entgleite. Ich gebe zu, daß ein Lehrer, der durch ein festes System gebunden ist, unproduktiv und farblos werden kann; ich gebe auch zu, daß die „Erziehungsprodukte" einer solchen Persönlichkeit enttäuschen mögen. Aber ich bin anderseits sicher, ein intelligenter Lehrer wird die Notwendigkeit einer gewissen Systematisierung seiner Arbeit einsehen und – nimmt er seine Aufgabe ernst – bald feststellen, daß ihn die eigentliche Arbeit, nämlich das Lehren und Korrigieren der verschiedenen Schritte, nach wie vor persönlich fordert.
Das Lehrpersonal größerer Anstalten sollte, um Konflikte im Keim zu ersticken, stets zum Gespräch bereit sein. Man müßte sich unbedingt über die Prinzipien einig wissen, an denen festzuhalten ist, und über das Maß an Freiheit, das gewährt werden dürfte, um sicherzugehen, daß einmal die künftigen Tänzer so gut wie möglich für die Bühne vorbereitet werden. Außerdem sollten die Lehrer übersehen, was in den Kursen ihrer Kollegen geschieht. Nur so sind Überschneidungen, Widersprüche und Eifersüchteleien auf ein Mindestmaß zurückzuschrauben.
Wie groß der Spielraum sein darf, der dem einzelnen Erzieher einzuräumen ist, könnte Anlaß interessanter Debatten sein. Niemand vermag zu leugnen, daß in der Sowjetunion ein System entwickelt wurde, in dessen Rahmen Tänzer von einer Kraft und Schönheit herangebildet werden, die heute vielleicht nirgends ihresgleichen haben. Aber obwohl ein tadellos funktionierender Körper für den Tänzer einen nicht zu überschätzenden Wert darstellt, bin ich persönlich der Ansicht, daß dieser niemals auf Kosten der Unabhängigkeit des Schülers gezüchtet werden dürfte. Spuren der Rebellion, die sich in vielen Kindern regt, deuten meist auf einen freien Geist, und manchmal ist überall sogar das schöpferische Talent, das seine Zähne zeigt. Überall jedoch, wo der Erzieher verpflichtet ist, seine Klasse absolutem Gehorsam zu unterwerfen, können solche Kinder nicht geduldet werden. Unter Umständen wird aber mit ihnen der künftige Künstler ausgestoßen und vernichtet. Ich kann noch immer nicht glauben, daß die Dürre russischer Choreographen Folge eines sozusagen national bedingten Mangels schöpferischer Phantasie ist. Könnte nicht, wenn schon eine andere Erklärung gefunden werden muß, die Starrheit des schulischen Systems ein Faktor sein, bei dem die Schuld zu suchen wäre? Obwohl es gemeinhin als Zeichen der Schwäche gilt, einen Kompromiß anzustreben, scheint es doch unumgänglich, einen Weg zwischen den Extremen zu entdecken, der nicht vergessen läßt, daß wir Kinder zu Künstlern bilden und nicht Maschinen trainieren wollen; ein Weg also der Zucht *und* Freiheit gestattet. Diese Überlegungen müssen unklar und widerspruchsvoll wirken. Zu meiner Rechtfertigung muß ich den Leser an die Tatsache erinnern, daß die Ausbildung eines künftigen Tänzers alles andere als einfach ist. Wahrscheinlich hängt ihr Erfolg auch mehr von dessen Talent als von der Theorie seines Lehrers ab. Fest steht aber, daß ein Studienplan stets die Schulung des Intellektes und das Training des Körpers im Auge behalten muß, darum sollte ein vorbildlicher Lehrgang auf der einen Seite durch regelmäßige und erprobte Übungen den Körper bilden, zugleich aber dem persönlichen inneren Wachstum einen Freiraum gewähren, so daß der Tänzer sich zum Künstler entwickeln kann, während die Beherrschung des Körpers erarbeitet wird.
Ehrgeiz verführt manchmal einen Lehrer, ohne Rücksicht auf die zukünftige Entwicklung, einen Schüler oder auch eine Schülerin, die imstande sind, die ihrem Alter und ihrer Ausbildungsstufe gemäßen

Enchaînements durchzuführen, als Wunderkinder zu proklamieren. Sie übersehen, daß Schüler trotz eines appetitlichen Äußeren innerlich noch recht unreif sein können. Ein Widerspruch, der meist das Resultat unsystematischen Trainings ist.

Mir ist klar, daß viele der kleinen Privatschulen nicht über die Mittel verfügen, um ihre Schüler konsequent nach einem der berühmten Systeme trainieren zu können. Wenn dem so ist, bleiben zwei Möglichkeiten: Der Lehrer stellt einen Zeitplan für die Erlernung der Pas und deren Fortschritte auf, die je nach den örtlichen Verhältnissen zu fordern sind, oder er passt sich einem bereits vorhandenen Lehrschema an. Wichtig ist nur, daß ein Erzieher an die Methode, mit der er arbeitet, glaubt. Völlig sinnlos ist es, „von oben" jungen Lehrern pädagogische Richtlinien aufzuzwingen und von ihnen zu erwarten, daß sie diese auf ihre Schüler übertragen. Die meisten Lehrer wählen am liebsten das System, nach dessen Regeln sie selbst trainierten, was mir nur natürlich erscheint und sicher auch die besten Resultate zeitigt.
An dieser Stelle möchte ich mit allem Nachdruck auf eine Gefahr hinweisen, die vielen Neulingen im Lehrberuf droht, und zwar verfallen dieser Gefahr häufig Tänzer, die sich von der Bühne zurückziehen und eine Ballettschule eröffnen. Sie sind derart vom Niveau und dem Stil ihrer Berufsjahre geprägt, daß ihnen längst die Kenntnis aller Grundlagen ihrer Kunst abhanden gekommen ist. Ein Kurs, der sie zu Lehrern umbildet, ist ihnen dringend anzuraten. Sie brauchen eine gründliche Revision, vielleicht sogar eine Umschulung, damit sie begreifen, was zum Unterricht gehört und was ein Anfänger zunächst erfahren muß. Es ist ein Irrtum, zu glauben, daß schließlich jeder Tänzer fähig sei, sich in einen Erzieher zu verwandeln. Ich fürchte, dieses Mißverständnis ist an der Existenz so vieler unqualifizierter Lehrer schuld, die ihr Dasein elterlicher Unkenntnis und behördlicher Nachlässigkeit verdanken. Tänzer, die sich ohne pädagogische Vorbereitung schulischen Aufgaben nähern, sind geneigt, Kindern, die keineswegs über die nötigen Kraftreserven verfügen, Schritte aufzugeben, die sie selbst bravourös demonstrieren. Es fällt ihnen schwer zu begreifen, warum ihre Schüler nicht unmittelbar in dem Glanz, der von ihnen ausgeht, aufstrahlen. Das praktische Beispiel ist, mit Maß dargeboten, durchaus wünschenswert, besonders wenn der Lehrer gut ist. Aber die Demonstration der Schritte kann zum Ersatz wirklicher Unterrichtsarbeit werden. Bedenklich wird es, wenn einem Pädagogen mehr daran liegt, seine Schüler mit der eigenen glorreichen Vergangenheit zu beeindrucken, als sie zu erziehen; ihm wird der rechte Blick abgehen, um ein Talent zu entdecken und zu fördern. Kinder sind besonders rasch bei der Hand, jede schlechte Gewohnheit, jeden Manierismus aufzulesen. Mir scheint das Grund genug, um mit der Vorführung eines Pas nicht allzu freigiebig zu sein. Der Erzieher verschwendet dabei zuviel der Energie, anstatt diese zu speichern und seine Schüler schärfer zu beobachten. Außerdem kopieren, wie schon gesagt, diese nur zu schnell seine Fehler. Bewundernswerte Ausnahmen dieser Regel waren die großen alten Damen des ehemaligen Russischen Balletts, denen man noch in London, Paris und New York begegnen konnte, wie sie es verstanden, in Theorie und Praxis ihre hochkultivierte Schulung weiterzugeben.
Eine weitere Belastung des Lehrberufs geht von dem verhinderten Tänzer aus. In Wahrheit verfügt er keineswegs über das Geschick, das bißchen Talent, das er besitzen mag, andern mitzuteilen. Weder Sehnsucht nach einer pädagogischen Aufgabe noch der legitime Rückzug von der Bühne treiben ihn in das Ballettstudio, wo er nur seinen Lebensunterhalt zu verdienen hofft, sondern die Tatsache, daß er nirgends als Tänzer unterkam.

Vielleicht ist in bezug auf die Weitergabe unseres Wissens die Schwierigkeit, eine allgemein verbindliche Methode der Tanzniederschrift zu finden, ein heimlicher Segen gewesen. Ein oder zwei brauchbare Systeme bestehen und befinden sich in

rapider Entwicklung. Doch bis vor kurzem konnten die Traditionen des Klassischen Balletts nur durch praktische Demonstration und mündliche Überlieferung von Tänzer zu Tänzer weitergegeben werden. Das hat sicher unproduktive Erstarrung verhütet und den Tänzern erlaubt, sich die bedeutenden Fortschritte auf künstlerischem und technischem Gebiet anzueignen, die von jedem Mitglied einer Ballett-Compagnie erwartet werden.

Der pädagogische „Stammbaum" fast aller bekannten heutigen Lehrer ist in gerader Linie bis zu den großen Ballettmeistern des achtzehnten und neunzehnten Jahrhunderts zurück zu verfolgen. Vielleicht ist das aber auch ein Vorzug, der nachdenklich stimmen kann. Ich hoffe jedenfalls, daß bald eine der Methoden der Tanznotation fertig auftauchen und die beträchtlichen Komplikationen glätten wird (das Benesh-System scheint auf dem besten Weg dahin), so daß auch der Durchschnittstänzer - und nicht wie bisher nur Spezialisten - die Mechanismen seiner Kunst lesen und niederschreiben kann und jeder technische Fortschritt festgehalten wird, um in den Ballettzentren der Welt ausgetauscht zu werden.
Für die Ballettschulen ist es außerordentlich schwierig, Kinder im richtigen Alter für die Klassen der Unterstufe zu gewinnen. Die großen Staatsschulen meistern dieses Problem, indem sie in einer Anstalt die normale schulische Ausbildung mit dem Tanztraining vereinigen. Doch derartige Akademien existieren nur in den wichtigsten Ballettzentren. In Deutschland ist Stuttgart die erste Stadt, die nach dem Krieg ein Internat für Tanzeleven besitzt. Doch nach Deutschem Recht müssen auch diese Kinder öffentliche Schulen, zwar in nächster Nachbarschaft, besuchen, wodurch der Zwang entsteht, das Tanztraining auf den Nachmittag zu verlegen, anstatt daß es am Vormittag stattfände, wenn der kindliche Körper noch nicht ermüdet ist.
In der Theorie sollte ein Kind von acht oder neun Jahren bis zu seinem zwölften Lebensjahr wöchentlich zwei bis drei Tanzstunden nehmen; später sind unbedingt vier bis fünf Wochenstunden erforderlich. Im Alter von fünfzehn oder sechzehn müssen zur Fortsetzung des Trainings die jungen Leute ausgewählt werden, deren Talent, Charakter und Körperbau den Ansprüchen genügen. Aber nur diese kommen in Betracht, denn nun muß sich der Tanzunterricht steigern und konzentrieren, so daß die Fortsetzung jeder normalen Ausbildung hinfällig wird. Zu diesem Zeitpunkt setzt die professionelle Schulung ein, die alle Kraft der jungen Leute beansprucht. Gute Institute müßten für eine breiteste Grundlage Sorge tragen. Moderner Tanz, Pantomime, Jazz, Fechten sollten ebenso gelehrt werden wie Charaktertanz, der die Fülle der Folklore (zum Beispiel den spanischen Tanz) einschließt. Zum Lehrplan des Klassischen Balletts rechnen Lektionen im Pas de deux, die Vermittlung der Variationen und Kenntnis des Repertoires und der Theorie. Außerdem sollten sich die Schüler mit Problemen der Kompositionslehre, mit der Geschichte des Tanzes, mit Musik, Zeichnen, mit dem Verständnis der Tanzschrift und dem Studium der Anatomie befassen, damit der Intellekt unter dem Druck des Körpertrainings nicht erschlafft und bereits der Grund zu einem möglichen späteren pädagogischen Studium gelegt ist.

Nur allzu häufig neigen die Eltern dazu, ihren Kindern den Besuch der Ballettstunden zu verweigern, bevor diese nicht die Schule beendet haben. Aber nur selten gelingt es einem Tanzeleven, sich erfolgreich im Ansturm der oben aufgezählten physischen und geistigen Forderungen zu behaupten, wenn ihm die langsame Vorbereitungszeit in der Unterstufe einer Ballettschule fehlt. Das ist besonders wichtig für den männlichen Tänzer, denn wenn dessen Training beschleunigt und auf eine allzu kurze Zeitspanne zusammengedrängt werden muß, verkürzt das unweigerlich die Karriere eines Mannes. Drei Tanzstunden wöchentlich, zwischen dem zwölften und sechzehnten Jahr genommen, beeinträchtigen keineswegs die schulische Leistung. Im Gegenteil, ein gesunder und athletischer Körper ist der

Lohn. Wenn Eltern das nur realisieren wollten, sie würden wahrscheinlich ihre Söhne öfter einer Ballettschule anvertrauen. Das Risiko ist gering, der Gewinn groß. Wenn sich ein Junge dann mit sechzehn Jahren entschließt, den Tanz zu seinem Beruf zu machen, genießt er den außerordentlichen Vorteil, das Training im richtigen Zeitpunkt begonnen zu haben. Sollte er sich aber nicht für das Ballett entscheiden, kann er sich auf die Examina konzentrieren, die ihm den Zugang zur Universität öffnen. Nichts ist verloren, höchstwahrscheinlich aber ein Körper gebildet, der mit der geistigen Entwicklung Schritt hält.

Nichts ist für Lehrer wichtiger als ein wohlwollendes Verstehen der menschlichen Natur, dazu sehr viel Sinn für Humor, denn seine Schüler müssen Tag um Tag an die schwere Arbeit, ohne die es keine Technik gibt, getrieben werden. (Ob am Ende der Trainingsstunde der Schüler oder der Lehrer erschöpfter ist, gehört zu den ewig umstrittenen Punkten. Idealerweise sollten allerdings beide sich nicht verbraucht fühlen: der Schüler müßte spüren, daß er an Geschicklichkeit zunahm, und der Lehrer hätte zur nächsten Unterrichtsstunde bereit zu sein.) Kindliche Energie schäumt oft über, und ein Erzieher sieht sich manchmal gezwungen, ihnen einen Dämpfer aufzusetzen, doch seine Probe hat er zu bestehen, wenn keinerlei Enthusiasmus die jungen Tänzer beflügelt und er sie trotzdem zum Arbeiten bringen muß. Der Körper braucht das regelmäßige Training, er darf nicht auf den Launen seines Eigentümers ausruhen. Disziplin muß früh geübt und Gewohnheit sein, wenn der Tänzer in den Beruf überwechselt. Sonst unterliegt der Standard seiner Leistungen zu großen Schwankungen, seine Compagnie kann nicht auf ihn zählen. Manchmal taucht er bei den Proben auf, manchmal nicht, ganz wie ihm gerade zumute ist. Solche Nachsicht mit sich selbst erstickt oft eine Karriere im Keim, besonders die Karriere eines Tänzers, deren Erfolg vom Einsatz körperlicher Energie abhängt. Viele Kinder kommen voran, wenn man ihnen gut zuredet. Andere brauchen die Herausforderung, den Wettkampf. Manche kann man über den Intellekt erreichen, andere reagieren eher auf Atmosphäre, Musik oder verwandte Reize. All das muß ein Erzieher wissen und verstehen, wenn er das Beste aus seinen Schülern herausholen will. Doch selbst das genügt noch nicht, wenn es ihm nicht gelingt, ihr Vertrauen und ihre Achtung zu gewinnen. Die Schüler, die immer wieder fragen, sind oft die wahrhaft Begabten. Hat man sie überzeugt, machen diese gerade die raschesten Fortschritte.

Bei jeder harten körperlichen Arbeit bringt gemeinsamer Eifer am ehesten zum Ziel. Und dieser stellt sich gewöhnlich ein, wenn die Körper sich beim Training erwärmen, geschmeidigen und aus überanstrengten Muskeln Schmerzen und Müdigkeit weichen. Das ist besonders wichtig, wenn man mit einer Ballett-Compagnie arbeitet. Man steht dann gewöhnlich einer Gruppe erwachsener Tänzer gegenüber (jeder in anderer Stimmung, anderer Körperverfassung), die auf irgendeine Weise – ohne daß man sich gesondert mit dem einzelnen befassen könnte – in anderthalb Stunden soweit sein müssen, daß sie sich agil fühlen und zur fruchtbaren Probenarbeit völlig bereit. Natürlich wissen die erfahrenen Tänzer, wie gut das allmorgendliche Training, das ihr immerwährendes Los ist, ihnen bekommt, doch die Anfänger fühlen sich nach der intensiven Betreuung während ihrer Schuljahre zunächst im Alltag einer Compagnie vernachlässigt und verloren. Man hätte ihnen sagen sollen, was sie erwartet. Ich glaube, daß während der letzten zwei Jahre ihrer tänzerischen Ausbildung es Aufgabe ihres Lehrers wäre, ihnen klarzumachen, daß sie selbst die Verantwortung für ihr Wohlergehen von Leib und Seele tragen.
Ein guter Unterricht sollte zwei sich ergänzende und doch sehr unterschiedliche pädagogische Forderungen erfüllen: er sollte lehren, und er sollte trainieren. Jedes lebende Wesen, der Floh und die Pflanze, der Affe und das Kind, können innerhalb ihrer Grenzen durch systematische Wieder-

holung dahin gebracht werden, einem vorgegebenen Muster zu gehorchen. Allerdings wird der Erfolg, der von der Qualität des Rohmaterials abhängt, variieren. (Ich bin überzeugt, es gibt talentierte und es gibt weniger talentierte Flöhe!) Der tänzerische Körper bildet da keine Ausnahme. Während der täglichen Arbeit bequemen sich allmählich Muskeln und Glieder einer Form und Disziplin, die die Früchte jahrelangen Trainings sind. Lehren aber bedeutet, einem Menschen bestimmte Kenntnisse zu übermitteln, die vielleicht für einen Tänzer die notwendige Periode des Trainings abkürzen können, doch sie können nicht den geschulten Körper erzeugen. Ich möchte das an einem kleinen Beispiel erläutern. Wenn man einem Schüler den Gebrauch, den Zweck, das Funktionieren eines Grand battement genau erläutert und ihm dann auch am Beispiel seines Körpers klarmacht, welche Muskeln und Gliedmaßen nötig sind, um die Pas durchzuführen, wird er wahrscheinlich verstehen, was getan werden müßte, doch er wird das Grand Battement nicht meistern. Wenn er dagegen ohne jede Erklärung die Bewegung zwanzig- oder dreißigmal ausführt, werden eine Reihe der in Frage kommenden Muskeln spüren, was sie tun müssen, und der junge Tänzer wird seinen Körper um einiges gekräftigt haben, obwohl wahrscheinlich seine Einsicht in den Bewegungsablauf nicht vertieft wurde.
Bestimmt ist es äußerst wichtig, mit dem Körper denken zu lernen und auf diese Weise dem Schüler einen funktionierenden Apparat in die Hand zu geben, dessen Intelligenz genutzt werden kann.

Die Trainingsstunde der Fortgeschrittenen teilt sich gewöhnlich in vier Abschnitte; die Arbeit im Raum mit dem Adage das Allegro und die Petite batterie und zum Schluß der Grand saut samt den Schritten, die „Bravura" verlangen. Obwohl das Verhältnis dieser Sektionen im einzelnen variieren mag, wird es sich immer als Wohltat erweisen, bei jedem Training alle vier mehr oder weniger einzusetzen. Auf keinen Fall darf die letzte Abteilung unmittelbar der Barrenarbeit folgen. Als die durch die Arbeit bedingte Anstrengung sollte nie mit nervöser Verkrampfung verwechselt werden. Diese ist ernstlich eine Gefahr, da durch sie Sehnen kontrahiert und in ihrer natürlichen Koordination gestört werden, was zu Unfällen führen kann. Wie oft sieht man, daß der übereifrige Schüler, allzu bestrebt, es recht zu machen, genau die falschen Muskeln einsetzt, während der Phlegmatiker, mit lockeren Gelenken und ausgeruhten Muskeln, sehr viel mehr Erfolg hätte, wenn er sich nur straffen wollte, wie es die Arbeit erfordert. Lachen ist bei zu großer Anspannung ein ausgezeichnetes Gegengift. Ein Scherz kann Wunder wirken, vorausgesetzt, daß er nicht auf Kosten eines einzelnen geht, sondern daß die ganze Klasse teilnimmt und nicht nur ein paar verstohlen kichern. Lehrer sollten sich immer erinnern, daß besonders Kinder, die den Tag intensiv durchleben, weit über das Maß der Erwachsenen hinaus den Erfolg wollen, einfach weil für sie der Augenblick so wichtig ist. Der Stolz und die Würde solcher Kinder ist leicht verletzt, doch man kann helfen, wenn man ihnen zeigt, wieviel Spaß auch aus harter Arbeit herauszuholen ist.

Lehrer sollten sich aber hüten, sich allzusehr auf die Probleme eines Schülers einzulassen. Die Konzentration der übrigen Klasse ist dann verloren. Wirkliche Schwierigkeiten bedürfen der privaten Schulung, die nach dem allgemeinen Training einsetzen muß. Trotzdem ist die Aufmerksamkeit, die sich dem einzelnen Eleven zuwendet, Pflicht. Jeder Lehrer weiß, wie die Schüler sich anstrengen, wenn sie spüren, daß sie persönlich beachtet werden und ihnen persönlich geholfen wird. Wahrscheinlich sind die besten Lehrer, und die mit der größten Ausstrahlung diejenigen, deren Reaktionen die Schüler kaum vorauszusagen vermögen. Sie müssen Humor, Geduld und Konsequenz besitzen; sie müssen informieren, warnen, ermutigen, raten; sie sollten über Weisheit, Ernst und Kraft verfügen – vor allem aber brauchen sie eine grenzenlose Liebe zum Tanz und zu den Tänzern.

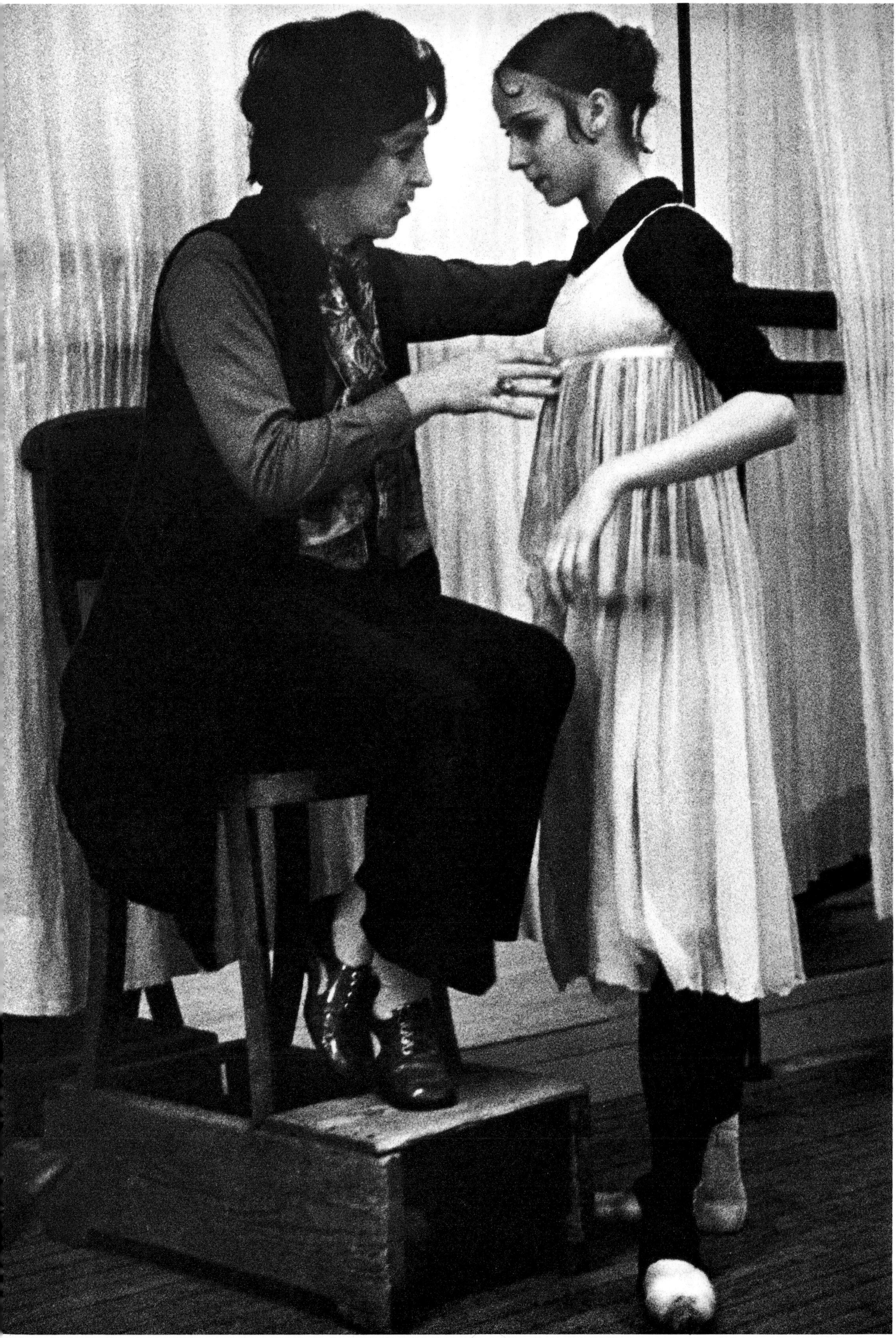

Kleidung

„Und diese Regeln präg' in dein Gedächtnis:
Die Kleidung kostbar, wie's dein Beutel kann,
Doch nicht ins Grillenhafte; reich, nicht bunt,
Denn so verkündet oft die Tracht den Mann . . ."
(Hamlet 1,3).

Durch die Vernunft macht Polonius wett, was ihm an Humor abgeht. Allerdings würde aus Laertes ein Musterknabe und er geriete in Gefahr, dem Schauspieler zu ähneln, dem auf der Bühne jede Farbe fehlt, wollte er allzu brav dem väterlichen Rate folgen. Trotzdem ist, was Polonius sagt, die schlichte Wahrheit, eine Wahrheit übrigens, die den Tänzer (im Alltag stets ein Schmetterling im Puppenzustand) mahnen könnte, jede Übertreibung zu meiden, um dann später im Rampenlicht um so glorreicher sich zu entfalten.
Wenn Kleider Leute machen, dann sollten die Kleider des „verdienten" Tänzers die Leute von seinen Verdiensten überzeugen, „und wenn die Tracht den Mann verkündet", dann heißt die Tracht wechseln, einen andern Mann „anzuziehen". Man weiß, daß Schauspieler sich mit Haltung und Geste unwillkürlich in die Grenzen schicken, die ihnen das Kostüm vorschreibt. Das gleiche gilt vom Tänzer. Was könnte dann dienlicher sein, als in Spitzenschuhe und Trikot zu schlüpfen und wie ein Tänzer zu agieren? So streckt zum Beispiel die mit Fischbein verstärkte Corsage den Oberkörper und gestattet nicht den leisesten Knick in der Taille, wie das kurze Röckchen, das die Beine zeigt und deren Länge unterstreicht, automatisch Knie und Füße strafft. Umgekehrt gewinnt die Kontur durch lose, hängende Gewänder plastische Fülle. Die Gürtellinie ist befreit, das Plié wird häufiger eingesetzt, jede Bewegung, die das Wogen des Stoffes nutzt und steigert, zeigt fließenden Charakter. Bewußt oder unbewußt läßt sich also auch der Tänzer in Pose und Geste von seinem Kostüm gängeln. Ich glaube, das gilt auch im Ballettsaal. Und zwar nicht nur, weil das Bewußtsein, gut auszusehen und sich wohl zu fühlen, die Lebensgeister stärkt, sondern frische Strumpfhosen, die überm Knie keine Falten werfen – „so kostbar, wie's dein Beutel kann" – verleihen dem Bein ein kräftig federndes Gefühl, und ein gutsitzendes Trikot, eine Tunique oder ein frisches Hemd lassen den Tänzer gepflegt und bereit zum Training erscheinen. Schüler sollten bedenken, daß selbst die Form des Halsausschnittes die Nackenlinie verkürzen oder längen kann und daß Rollkragen besonders unkleidsam für Leute mit hohen oder breiten Schultern sind. Ihre Träger wirken – was sie nicht sind – wie Dilettanten. Kurze Röcke mit kreisrundem Schnitt sind für üppige Hüften verheerend und Rüschen, ohne Ausnahme, „kriminell". Das Ideal wäre, daß der Umriß des tänzerischen Körpers nicht beeinträchtigt würde, weder durch die Zusammenstellung schlecht gewählter Farben noch durch bauschige Ärmel oder Röcke. Sogar ein allzu eng geschnürter Gürtel, der Zwerchfell und Hüfte über und unter der Taille hervorquellen läßt, vermag schon die reine Linie des langgestreckten Torso empfindlich zu unterbrechen. Ebenso stören und unterbrechen Uhren, Armreifen, Ohrringe und ähnliche Kinkerlitzchen. Beim Training oder während der Probe dürfen sie niemals angelegt werden. Ich bin weit entfernt von der Behauptung, daß es schon eine Lösung aller Probleme wäre, im Auftreten wie ein Tänzer zu wirken, doch es ist immerhin ein Gewinn, zu wissen, daß man sich richtig und sachgemäß trägt: „nicht grillenhaft, reich, nicht bunt . . ."

Es gibt Tänzer die sich mühsam zurechtmachen und doch in dem Gefühl, nicht gut in Form zu sein, zum Training kommen. Das sind die Schüler mit den echten oder auch eingebildeten kleinen Leiden, die

wollene Fußballer-Socken über die Knöchel ziehen, Pulloverärmel um die Taille binden und den „entzündeten" Hals mit dicken Schals umwickeln. Das Resultat ist optisch eine groteske Häufung gestrickten Zeugs und psychologisch die Bezeugung schwächlichen Selbstmitleids oder häufiger noch eine Attitüde, für den Lehrer bestimmt, die diesen mahnt, den Ärmsten zu bedauern, der unter Qualen den Unterricht durchsteht, und zwar nur kraft seiner zähen Natur. Wirkliche Verletzungen sollten unter ärztlicher Aufsicht verbunden werden, denn es gibt zum Beispiel durchaus eine sachgerechte und eine falsche Bandagierung des Knöchels.

Selbstverständlich soll man sich während der Arbeit warm halten, doch niemals in einer derart ostentativen und noch dazu unwirksamen Manier. Manchmal ist auch pure Faulheit schuld, daß Tänzer im Studio in einem Aufzug erscheinen, der glauben läßt, sie hätten sich bei einem Lumpensammler ausstaffiert. Vielleicht ist die beste Methode, Tänzer zur Selbstkritik und zur Erkenntnis ihrer absurden Wirkung zu erziehen, sie vorbeugend in den ersten Schulungsjahren zur Uniformität zu zwingen und die Grundregeln der Sauberkeit und Ordnung strikt durchzusetzen. Später ist das für den einzelnen oft recht schwierig, so daß es sicher gescheiter ist, früh die Basis einer gewissen ästhetischen Kultur zu legen und dann dem Tänzer die Wahl von Farbe und Form freizugeben, in der Hoffnung, daß sein bereits entwickelter guter Geschmack ihn nicht im Stich lassen wird.

Das Trikot

Von schwarzen Trikots rate ich entschieden ab. Das Bein wird zur Silhouette und verliert die Dreidimensionalität, die dem Lehrer erlaubt, genau die Arbeit der Muskeln zu beobachten. Viele Schülerinnen glauben, daß Schwarz schlank mache, wovon ich nicht überzeugt bin. Doch wenn dem auch so wäre, gewinnt die Tänzerin nicht viel, die vor dem Studiospiegel sich eine Illusion schafft und dann auf der Bühne die schreckliche Wahrheit enthüllt. Das Gegenteil ist vorzuziehen: Im Ballettsaal sich täglich mit der ungeschminkten Wahrheit herumschlagen, die Illusion gehört der Bühne. Wenn der Tänzer Strumpfhosen oder wollene Beinlinge über das Nylontrikot zieht, muß er sich vor einem unechten Wärmegefühl hüten. Man kann an der Stange in diesen Wollsachen arbeiten, und sie sollten im Theater unbedingt während der Pausen übergezogen werden, doch es besteht die Gefahr, daß man sich, wenn die Beine zu gut verpackt sind, auf das äußerliche Wohlbehagen verläßt und es als Wärme mißdeutet, die unbedingt durch das vorbereitende Exercise in den Muskeln erzeugt werden sollte. Bei kühler Hautoberfläche kreist das Blut rascher durch den Körper und speist auf natürliche und gesunde Weise Muskeln und Sehnen. Tänzer spüren das am besten selbst. Wenn sie nach dem Barren die wärmenden Hüllen abstreifen, um frei im Raum weiter zu arbeiten, und ihnen plötzlich ihre Beine kalt und spröde vorkommen, wird ihnen klar, daß die Barrenarbeit Schein war, das heißt mit andern Worten: es war keine Arbeit.

Wer dicke Trikots zum Zweck überzieht, um durch Schwitzen Gewicht zu verlieren, sollte vorsichtig sein und die Sache nicht übertreiben. Gummianzüge sind besonders gefährlich, da die Haut, unfähig zu atmen, übermäßig schwitzt, doch die Muskeln sich nicht erwärmen. Das erhöht nicht nur das Unfallrisiko, sondern schwächt den Körper auch derart, daß der Elan des Tänzers spürbar nachläßt. Schwitzen ist natürlich und gesund. Es macht den Körper geschmeidig und erleichtert dem Tänzer die Arbeit. Aber in dieser Form dem Abnehmen zu frönen, bringt - wenn überhaupt - geringen Gewinn, da mit dem ersten Glas Wasser, das man nach dieser aufreibenden Prozedur trinkt, die verlorene Flüssigkeit wieder ersetzt ist. Mir behagen auch nicht die Trainingsanzüge. Nicht nur daß sich Schlampereien aller Art bei diesen beuteligen Hosen einschleichen, sie zwicken auch noch, obwohl sie dem Bein nicht so eng anliegen wie ein Trikot. Ganz gleich, wie weit sie sind oder wie dehnbar das Material, sie spannen über dem Knie, wenn es gebeugt, und spannen über dem Oberschenkel, wenn das Bein gehoben wird. Man sollte sie wirklich nur in der Ruhepause zwischen den Auftritten tragen, doch niemals über dem feuchten Trikot.

Ob Trikot oder Tunique, überläßt man am besten dem Geschmack der einzelnen Tänzerin. Pastellfarben sind sehr attraktiv und passen am besten zur Sphäre des Balletts. Auf der Bühne sind hautfarbene Trikots und ein helles, glattes Oberteil unabdingbar. Das ist besonders wichtig, wenn vor dunklen Vorhängen geprobt wird. Tänzerinnen, die dann in schwarzen Trikots arbeiten, sind vom Zuschauerraum aus nicht deutlich sichtbar. Auch Männern wäre zu raten, sich vor schwarzen oder dunklen Anzügen zu hüten; statt dessen sollte ihnen ein Vorrat an sauberen weißen Trikots, Hemden und Socken stets zur Hand sein, um während des Tages öfter wechseln zu können.

Regel sei außerdem: niemals in letzter Minute mit einer Sicherheitsnadel das „Flicken" zu versuchen. Sie kann aufgehen und den Partner ernsthaft verletzen; man vermeide ebenfalls Gürtel oder Schnallen, an denen man sich reißen kann. Tänzerinnen dürfen auch keine Gummigürtel tragen, die von der Taille über den Brustkorb rutschen und dem Tänzer keinen Halt gewähren, wenn er die Partnerin hebt. Die Trikots sollten oft gewaschen werden; persönliche Hygiene ist Pflicht, außerdem behänge man sich nicht mit losem und scharfem Kleinkram.

Das Haar

Die Art, wie Tänzer ihr Haar bei Training und Probe tragen, wechselt mit der Mode, was nur in Ordnung ist. Es ist wichtig, gut auszusehen und zu zeigen, daß man weiß, was jenseits der eng umgrenzten Welt des Ballettsaals gerade en vogue ist. Nur eines ändert sich nicht: das Haar muß, in welchem Stil es nun auch frisiert wird, sitzen, und zwar fest. Für Tänzerinnen bedeutet das, Spangen und Nadeln so zu stecken, daß sie nicht herausfallen, unter Umständen dem Partner ins Auge. Ebenso sind Bänder und Tücher fest um den Kopf zu binden. Haarnetze werden heutzutage kaum benutzt, da die meisten Girls mit langem Haar es schaffen, alle Strähnen zu einem Knoten im Nacken zusammenzudrehen. Doch auf keinen Fall darf das Haar lose auf die Schultern fallen. Da die Haare der Männer ebenfalls länger geworden sind, erhebt sich auch für sie das Problem, Mittel zu finden, die verhindern, daß beim Drehen und Springen ihnen die Haare ins Gesicht fliegen. Gewöhnlich genügt ein Band um die Stirn, was „göttergleich" wirkt und von vielen Tänzern benutzt wird.

Ehe eine Tänzerin Mitglied einer Ballett-Compagnie wird, sollte sie gelernt haben, das eigene Haar auf die verschiedenste Weise für ihren Auftritt frisieren zu können. In den großen Opernhäusern stehen Friseure zur Verfügung, doch ist das nicht immer der Fall. Bestimmt nicht auf einer Tournee, wo ein Corps de Ballet-Girl, das unfähig ist, mit Haar, Perücke oder Kopfputz ohne Hilfe fertig zu werden, nicht wirklich in die Welt des Balletts paßt. Fast alle erfahrenen Tänzerinnen fühlen sich unbehaglich, wenn sie nicht selbst ihre Haarnadeln eingesteckt haben. Nicht nur, daß man den schlecht sitzenden Kopfputz bei der ersten Pirouette verliert, die Kopfhaut selbst vermißt den direkten Kontakt. Man trägt nicht während des Tanzes einen Hut oder eine Perücke, beide werden Teil des Kopfes.

Schuhe

Sie sind bestimmt das wichtigste Stück der tänzerischen Ausstattung, denn wenn sie nicht richtig passen und dazu bequem sind, muß der Tanz leiden. Die Trainingsschuhe, von den Tänzern „Schläppchen" genannt, sollten sich wie eine zweite Haut anschmiegen. Strapazierfähiger als das zu weiche Wildleder, das Tänzer häufig bei Aufführungen tragen, sind andere gute Ledersorten, die aber, um ihren Zweck zu genügen, biegsam sein müssen. Die russischen Trainings-

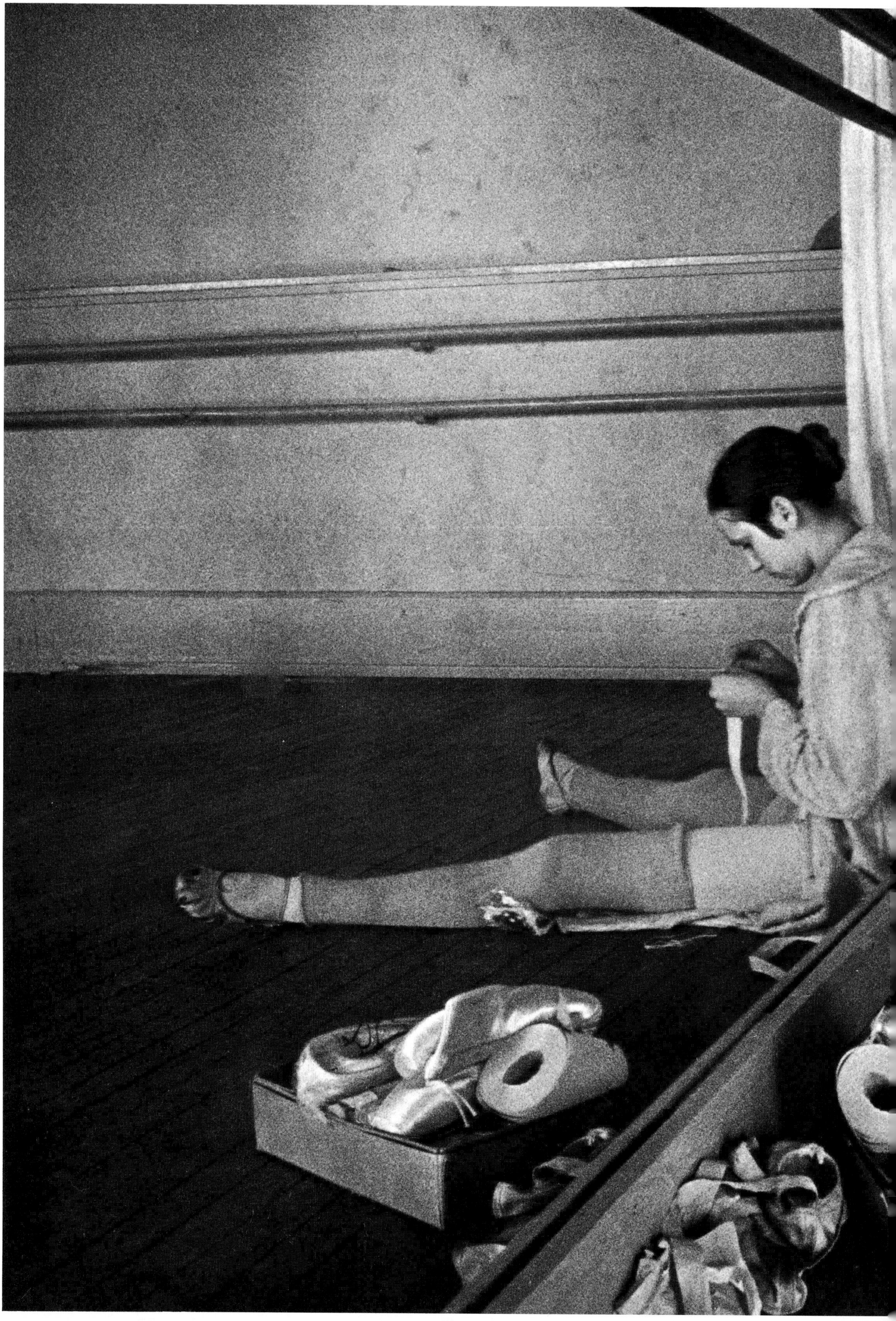

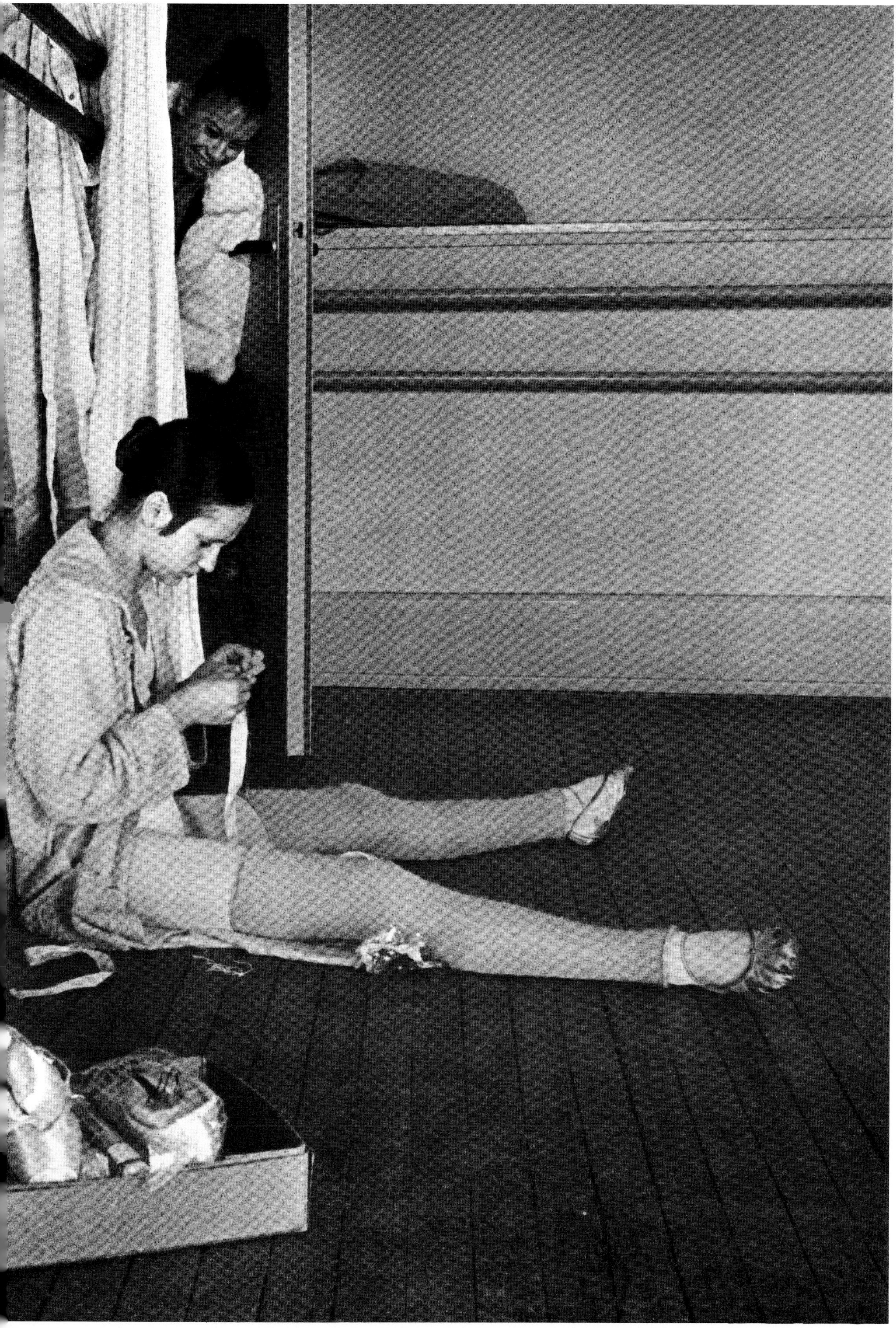

schuhe, für Tänzer bestimmt, sind aus Segeltuch; sie sind angenehm leicht und flexibel, werden aber im Westen kaum mehr hergestellt. Von größter Wichtigkeit ist der richtige Sitz. Ist der Schuh zu groß, schlappt er und stellt eine Gefahr dar; ist er zu klein, verkrampfen sich die Füße.

Spitzenschuhe

Jede Tänzerin muß so lange experimentieren, bis sie den Spitzenschuh findet, der ihr nach Schnitt und Sitz am meisten behagt. (Ganz allgemein gilt, daß man sich den bekannten Firmen mit gutem Ruf noch am ehesten anvertrauen kann.) Auch der Spitzenschuh muß vollkommen passen; er darf keinen Raum für Watte oder Schaumkappen auf den Zehen bieten. Diese müssen mit dem Ballen fest zusammengehalten werden, ohne daß sich die Zehgelenke verbiegen. Erfahrene Tänzerinnen leiden selten an Blasen, und Anfängerinnen auch nur, wenn die Schuhe zu groß sind und den Zehen erlauben, sich zu reiben. Das heißt, diese rutschen bei der Position sur la pointe in die Schuhspitze und gleiten zurück zur Kappe, wenn der Fuß flach aufgesetzt wird. Auch Nylon-Trikots sind oft nicht das Rechte, da besonders Füße, die rasch ins Schwitzen geraten, sich wund scheuern. Vorsicht ist auf jeden Fall am Platze, da es einfacher ist, Blasen zu vermeiden, als sie zu heilen.

Auch wenn der Schuh hart ist, schadet er, denn er hindert den Fuß an der geschmeidigen Bewegung. Mir ist am liebsten, wenn er den Fuß wie ein fester Handschuh umschließt und nur soweit versteift, daß die Zehen sich nicht verkrümmen. Eine genaue und feinfühlige Arbeit ist kaum von einem Fuß zu erwarten, der mit aller Gewalt in einen Schuh gezwängt wurde, dem die Elastizität fehlt. Doch davon abgesehen, wird auch noch jede Illusion zerstört, wenn man Tänzerinnen, die Schwerelosigkeit suggerieren sollen, über die Bühne klappern hört. Da die Beweglichkeit der Achillessehne beengt werden könnte, ist es nicht ratsam, um das Abgleiten des Schuhs zu vermeiden, als Halt in der Kappe ein Gummiband einzuheften. Bei richtigem Sitz dürfte sich das erübrigen. Ist aber doch eine zusätzliche Sicherung nötig, dann klebe oder drücke man den Schuh mit Speichel und Kolophonium fest.

Das Band an der Innenseite des Schuhs sollte etwas weiter vorn angenäht werden als das der Außenseite, auch sollte es etwas länger sein, damit der Knoten leichter an der richtigen Stelle geknüpft werden kann. Diese Stelle sitzt nicht genau am Ansatz des Wadenbeins, wo die Achillessehne zu großem Druck ausgesetzt werden kann, sondern in der Höhlung zwischen Sehne und innerem Knöchel. Der Knoten wird dann in diese Höhlung geschoben, bis er gänzlich unter den Bändern verschwindet. Diese sollten niemals zerknautscht sein, sondern immer glatt um die Knöchel liegen. Eine gute Methode, sie stets gebügelt zur Hand zu haben, ist, das gestraffte Band mehrmals über eine brennende elektrische Birne zu ziehen. Da Bänder, die Fuß und Bein trennen, ein störender Anblick sind, benutzt man heute kaum mehr als Material glänzenden Satin, sondern ein kräftiges Nylonband, das genau zum Trikot der Tänzerin paßt und praktisch unsichtbar ist.

Gut ist es, wenn die Schuhe an der Spitze abgesteppt sind. Es geht rasch und ist praktisch, wenn man mit kräftigem Häkelgarn im Knopflochstich konzentrische Kreise aufnäht. Man achte darauf, daß die Stiche die Baumwollunterlage mitnehmen, zum Schluß überziehe man sie, um sie zu härten, mit Leim. Abgesehen davon, daß der Satin geschont wird und sich nicht von der Spitze her aufrollt, gibt es der Tänzerin Zeit, mit ihren Schuhen vertraut zu werden und für sie zu sorgen.
Bis in die fünfziger Jahre war dieser Brauch in Europa weit verbreitet, doch jetzt ist es recht selten, daß Tänzer oder gar die Schüler viel Zeit an ihre Schuhe verwenden. Ganz bestimmt sind sie nicht weniger anspruchsvoll, und das schmerzerfüllte Gejammer über schlechtes Schuhwerk hat sich nicht

gemindert, aber es ist nun mal so, daß Spitzenschuhen wie Kleidern, die heute gekauft, übergestreift und morgen ohne allen Umstand weggeworfen werden, keine liebevolle Behandlung mehr zuteil wird. Es ist nicht ungewöhnlich, daß der erste Tänzer in einem dreiaktigen Ballett drei Paar Schuhe an einem Abend verbraucht. Natürlich stimmt es, daß Schuhe heute nicht mehr auf Dauer gemacht sind, aber viele Tänzer vergessen, daß mit ein wenig Pflege und einer „Ruhepause" ihre Schuhe sich wieder erholen. Der durch das Schwitzen feucht gewordene Spitzenschuh gibt rasch nach, doch er wird, in die richtige Form gezogen, die Spitze mit Zeitungspapier ausgestopft und ein paar Tage zur Seite gestellt, dem Fuß wieder eine ausgezeichnete Stütze sein. Tänzer sollten darum Schuhe immer reichlich im Vorrat haben.

Mir scheint es bezeichnend, daß Tänzerinnen, die in den Kriegsjahren, als Spitzenschuhe äußerst schwierig zu beschaffen waren, trainierten und tanzten, sich unglaublich kräftige Füße erwarben. Zweifellos ist das ein Zeichen, daß ohne den Halt eines guten Schuhs die Fußmuskeln sich abnorm entwickelten, um auch ohne Unterstützung mit dem Körpergewicht fertig zu werden. Das ist ein Vorteil, der in Zeiten des Überflusses verlorenging. Damals probierte man selbstverständlich alle Rezepte durch, um alte Schuhe mit Schellack oder Strohhutfarbe zu versteifen. Ich persönlich kannte eine Tänzerin, die eine Methode erfunden hatte, ihre Schuhe zu waschen und danach in den Backofen zu schieben. Sie bestand darauf, daß sie so in den Zustand der „Jungfräulichkeit" zurückkehrten. Aber meine eigenen Versuche in dieser Richtung schlugen kläglich fehl. Darum kann ich sie nicht empfehlen. Doch ganz gleich, ob die Versteifungsprozesse, denen wir unsere Schuhe unterzogen, erfolgreich waren oder nicht – wir ließen uns nicht hindern, sur les pointes zu tanzen, auch wenn der große Zeh sich manchmal durch die Spitze bohrte. Interessant ist für mich die Beobachtung, daß, obgleich sie kräftige Füße besaßen und besser auf der Spitze laufen und springen konnten als das Durchschnitts-Ballett-Girl von heute, die Mehrzahl der Tänzerinnen nicht den schönen Fuß im klassischen Sinn vorweisen konnten. Natürlich gab es Ausnahmen, doch der lange, schlanke Fuß mit dem hohen Spann vermochte meist das Fehlen eines guten, stützenden Schuhs zu überdauern. Ein Zeichen, daß die Umstände ebenso wie die Mode den Tänzertyp bestimmten, den jede Dekade hervorbringt.

A la barre

Seit über hundert Jahren haben in aller Welt Generationen von Tänzern ihre Ausbildung à la barre begonnen. Wenn der Lehrer zum ersten Mal das Kind, die Hand zur hölzernen Stange erhoben, an seinen Platz stellt, ist es für ihn ernüchternd zu denken, daß diese Übung nun den Tänzer, tagaus, tagein, durch seine ganze Laufbahn begleiten wird. Man darf wahrlich sagen, daß in diesem bedeutsamen Augenblick der Grundstein zur gesamten künftigen Entwicklung der tänzerischen Technik gelegt wird. Doch trotz der Wichtigkeit dieses Exercise, die nicht zu bezweifeln ist, gestatte ich mir einige Skepsis, wenn Tänzer behaupten, daß sie die Barrenarbeit „liebten". Der Pianist, der nur Tonleitern produziert, ist ein Langweiler, und selbst der Küchenjunge, der sich damit abfindet, Gemüse zu waschen, wird nie Meisterkoch. Ebenso weiß der rechte Tänzer, daß die Arbeit am Barren als Vorbereitung für den Auftritt im Rampenlicht notwendig ist, doch eine andere Funktion kommt ihr nicht zu. Entspricht aber das makellose Resultat dem voraufgegangenen Exerzitium, dann sind wir diesem Exerzitium allen Respekt schuldig. Adoration hingegen ist überflüssig.

Manche gute und viele schlechte Gewohnheiten, die wir in der Jugend annehmen, bestimmen unser späteres Dasein. Darum ist die Verantwortung eines Lehrers, der den Körper und vielleicht sogar die Persönlichkeit eines jungen Menschen formt, groß. Ich nehme an, daß die Lehrer, die selbst das lange, den Habitus prägende Training, wie es die ungebrochene Tradition des klassischen Balletts vorschreibt, durchlaufen haben, sich dessen bewußt sind und ihr Wissen mit äußerster Sorgfalt und genauer Überlegung weitergeben.

Es besteht jedoch die Möglichkeit, daß Instruktoren mit geringerer Erfahrungsbreite, die auf raschen Erfolg aus sind, den lang hinwirkenden Effekt ihrer Methode nicht ernsthaft genug bedenken. Bei ihnen begegnen wir dem überanstrengten, früh fertigen „Ballettbaby", dessen Talent sich verzehrt hat, ehe es reifen konnte. Das gilt ohne Ausnahme, wäre aber durch genauere fachliche und anatomische Kenntnisse zu vermeiden. Geduld ist unerläßlich. Doch ein guter Lehrer braucht nicht, auch wenn er sich an die Tradition hält, in trockenen, ausgefahrenen Geleisen steckenzubleiben; er wird Übungen aufnehmen, die geeignet sind, dem Schüler zu helfen, am dauernden Fortschritt der Technik teilzuhaben. Dadurch gewinnt die Barrenarbeit Spontaneität und immer neuen Reiz.
Es scheint ein Widerspruch zu sein, im gleichen Atemzug von ungebrochener Tradition und der Bereitschaft zum Fortschritt zu sprechen. Doch in Wahrheit ruht die Kunst jeder Gegenwart auf dem Fundament der Vergangenheit. Nur im fruchtbaren Austausch zwischen Gestern und Heute ist Stagnation zu vermeiden. Die Ausbildung angehender Tänzer hält sich an dieses Prinzip. Die Vertrautheit mit den Grundsätzen und Regeln des Klassischen Balletts ist den Eleven die beste Stütze bei der Formung des empfindlichen, hochgezüchteten Instruments, das der tänzerische Körper darstellt; sie liefert ihnen die solide Basis, von der sie, als nächste Tänzergeneration, weiterarbeiten können.

Das tägliche Training des ernsthaften Schülers und des fertigen Tänzers setzt fast immer mit dem Plié ein, denn diese Übung erweist sich bei der ersten Durcharbeitung der Beine als besonders wohltuend und förderlich. Viele erfahrene Tänzer und ältere Schüler erscheinen sogar vor Beginn des Unterrichts im Studio, um sich „aufzuwärmen", was die Muskeln und die Bänder elastisch macht, von denen der Tänzer

spürt, daß sie es nötig haben. Tanzschüler, die den eigenen Körper noch nicht genügend kennen, sollte der Lehrer durch Methoden unterstützen, die ihren besonderen Schwierigkeiten angepaßt sind. Ausgezeichnet sind außerdem Übungen, die den Atem vertiefen und den Blutkreislauf kräftig anregen.

Nach dem Plié kann man dann den Schüler sich aufwärts arbeiten lassen: von den Füßen (Battement tendu usw.) zu den Knien (Battement frappé usw.), zu den Hüften (Grand battement) und schließlich zu den Bauch- und Rückenmuskeln (Développé und Dehnungen). Das Training sollte ständig Tempo und Schwierigkeitsgrad wechseln. Langsam: zwecks Kraftentwicklung und zur Kontrolle, schnell, um dem Exercise Glanz zu verleihen. Vorsicht ist jedoch am Platze, besonders bei fortgeschrittenem Training, daß nicht zuviel Energie an den Barren verschwendet wird und dann die Kraft nicht mehr für die sehr viel anstrengendere Arbeit im Raum ausreicht. Oft erzielt man hier nach sauberen und korrekten Barren-Übungen nur unzulängliche und enttäuschende Leistungen, ein Beweis, daß der Zweck jener Übungen, die im vollen Wortsinn lediglich vorbereitender Natur sind, mißverstanden wurde. Selbstverständlich kann man zu Beginn der Ausbildung und auch im Falle körperlicher Unreife einen Schüler an der Stange besser kontrollieren. Doch immer wieder sei daran erinnert, daß der Barren Mittel zum Zweck ist und nicht mehr, obwohl – wie ich bereits sagte – je intensiver man sich des „Mittels" bedient, um so eindrucksvoller wird schließlich das Resultat sein.

Ein häufiger Fehler, ein Fehler, der immerfort korrigiert werden muß, ist das Ziehen an der Stange. Gleichgültig, wie schwer oder wie leicht einem Schüler die Arbeit fällt, wenn er nicht jederzeit in der Lage ist, sich vom Barren zu lösen und auf dem Standbein zu balancieren, ist all sein Mühen zwecklos. Deshalb ziehe ich vor, so bald als möglich von der fünften Position aus zu arbeiten, da in dieser Stellung das Körpergewicht auf dem ganzen Fuß ruht. Wird dagegen von der ersten Position aus das Bein gehoben, vermag der Körper nicht ruhig zu verharren, sondern das Gewicht verlagert sich auf die Fußspitze des Standbeins.
Die Hand sollte, ein wenig vorgeschoben, auf der Stange aufliegen, so daß der leicht gewinkelte Arm mit dem Körper eine Linie bildet und nicht die Schulter nach vorn gezogen wird. Das festigt die Balance und löst (oder sollte es wenigstens) Spannungen im Nacken, die manchmal durch allzu große Gewissenhaftigkeit und die grimmige Entschlossenheit, von der Hüfte abwärts ohne Fehl zu sein, erzeugt werden. Die Unterstützung durch die Stange erlaubt dem Schüler, sich zur selben Zeit nur auf eine Sache konzentrieren zu müssen; ihm wird die ausgewogene Schulung zuteil, die den klassischen Tänzer von fanatischen Außenseitern scheidet. Ohne Stille kommt der Ton nicht zur Wirkung und ohne Ruhe nicht die Bewegung. Der Tanz, als die Kunst, die sich in der Bewegung ausdrückt, hebt sich selbst auf, wenn er auf Ruhe verzichtet. Der Tänzer muß dieser Ruhe fähig sein, wenn er durch Bewegung überzeugen will, und wann wäre die Gelegenheit, diese Ruhe, diese Gelassenheit zu erwerben, günstiger als während der Vorbereitung zu Unterricht und Aufführung?

Die Stange kann auch dem Anfänger zu einer größeren Auswärtsdrehung verhelfen, als ihm ohne Unterstützung frei im Raum möglich wäre. Jedoch der Grund zur Drehung der Beine, die ihren Ausgangspunkt im Hüftgelenk hat, wird häufig mißverstanden und die Übung überzogen. Es ist keinesfalls vorteilhaft, die Füße, koste es, was es wolle, um hundertachtzig Grad auswärts zu drehen und zu glauben, daß man nun wahrhaft en dehors sei. Im Gegenteil, man kann auf diese Weise den Knien und dem Rückgrat beträchtlichen Schaden zufügen. Es ist ein Zeichen falschen Trainings und dazu außerordentlich gefährlich, wenn ein Schüler oder Tänzer die Füße in einen weiteren Winkel auswärts setzt, als ihm die Drehung des Oberschenkels im Hüftgelenk erlaubt.

Das verursacht eine böse Spannung der Kniebänder und verschiebt die Basis der Wirbelsäule; die Folge ist oft für immer ein hohles Kreuz. Die richtige Drehung kann nur unmittelbar unterhalb des Beckens ansetzen, und alle Formen des „Festklebens" der Füße, sei es, daß man Wasser, sei es, daß man Kolophonium benutzt, sollten verbannt werden. Diese Drehung der Füße zu einem Winkel von hundertachtzig Grad darf nur von dem geübten Schüler erwartet werden oder von einem Kind, dessen Beine von Natur außerordentlich en dehors sind. Viel besser ist die Aufforderung: „Knie über den kleinen Zeh, bitte!" Allen Anfängern sollte dieses Kommando vertraut sein. Es bietet Gewähr, daß die Schüler lernen, ihre Beine von der richtigen Stelle aus zu drehen.

Wenn das En dehors für den Knochenbau so gefährlich werden kann und dazu noch ein derart mühseliges Training verlangt, warum legt dann das Klassische Ballett diesem Exercise soviel Gewicht bei? Die Antwort hat verschiedene Aspekte. Historisch gesehen, war es die Sehnsucht nach Eleganz, die zum En dehors führte. Selten setzte man die Füße weiter als in einem Winkel von neunzig Grad auswärts, aber das war für einen Mann von Welt unabdingbar. Es galt als bäurisch und wurde als Zeichen schlechter Erziehung gewertet, die Pflege dieses Raffinements zu vernachlässigen. Königin Elisabeth I. forderte sogar die Gesandten am englischen Hofe zum Tanzen auf, ehe sie sich herbeiließ, sie willkommen zu heißen. Man zögert bei der Vorstellung, daß heute das noch Brauch wäre, obwohl es unserem diplomatischen Dienst eine Distinktion hinzufügte, die ich von Herzen begrüßen würde. Den geübten Beobachter kann der Körper nicht belügen, und es wäre recht unterhaltsam, vielleicht sogar erhellend, wenn die Politiker ihre Wahlschlachten tanzend austragen müßten. Diese Abschweifung führt uns wieder zum En dehors zurück, ohne daß wir den metaphorischen Bezug aus dem Auge verlören, denn ein weiterer Grund für die Auswärtsdrehung ist die Unerläßlichkeit der Balance. Beim Stand auf einem Bein gerät der Kontakt mit dem Boden sehr viel solider, wenn der Fuß leicht auswärts gedreht ist und die Ferse nicht nach hinten weist. Technisch gesehen, sind die Vorteile enorm. In der fünften Position belastet ein Tänzer bei einem guten En dehors eine winzige Fläche. Hebt er in dieser Stellung das Bein, so ist nur ein kleiner Ruck nötig, um das Gewicht auf den Standfuß zu verlegen. Es handelt sich tatsächlich nur um ein Fußbreit vor oder zurück. Richten sich dagegen die Füße parallel aus, mit den Zehen nach vorn, werden die Hüften, soll das Gleichgewicht beim Heben des Beins nicht verlorengehen, zu einem merklichen Schwung zur Seite gezwungen. Da durch das En dehors die Beine freier im Hüftgelenk spielen, ist es möglich, sie höher zu heben. Rücken die Füße wieder nebeneinander, stellt man fest, daß die seitliche Hebung stark eingeschränkt wird. Ist die Stellung der Schenkel dagegen en dehors, wird sofort ein weiterer Radius möglich. Das tritt besonders deutlich zutage, wenn in der Arabesque das Bein nach hinten gestreckt wird. Während aller Pas sur la pointe verbessert die dauernde Kontrolle der Schenkelstellung im Becken die Balance und verleiht den Pirouetten größere Stetigkeit.

Wenn diese Argumente zugunsten des En dehors noch nicht überzeugen, so sei daran erinnert, daß ein weiteres, und zwar das wichtigste Resultat dieser Mühen die Reinheit der Linie ist. So verliert zum Beispiel die Arabesque alle Schönheit, wenn das Knie durchhängt und die Ferse in die Höhe sticht. Das beleidigt den ästhetischen Sinn derer, die an die Grundsätze des Klassischen Balletts glauben. Es sind also vier unabdingbare Forderungen, auf denen das En dehors basiert: Eleganz, Reinheit der Linie, Balance und die Bewegungsfreiheit der Beine im Hüftgelenk. Sanfte Überredung ist sehr viel hilfreicher als Gewalt. Jeder Tänzer macht die Erfahrung, daß Hartnäckigkeit, die um jeden Preis mit einer physischen Schwäche aufräumen will, diese eher verschlimmert. Ein hohes Développé bereitet zum Beispiel für den, dessen Bänder in der Leistengegend zu kurz sind, unverhältnismäßig große Schwierigkeiten. Kein unablässiges Trainieren, kein Kraftaufwand gestattet, die Beine anders zu plazieren, als es die Sehnen erlauben. Im Gegenteil, die den Gliedmaßen auferlegte Anstrengung erzeugt, um das Gewicht zu balancieren, zu starke Muskeln, die ein richtiges Anheben des Beines buchstäblich verhindern. Man muß häufig das Exercise für ein paar Wochen unterbrechen und die Muskeln der Ruhe überlassen. Unterdessen arbeite man regelmäßig an der Dehnung der verspannten Bänder, bis das Bein leichter die gewünschte Höhe erreicht. Ist das gelungen, können die nun wieder geschmeidigen Muskeln benutzt werden, um die Position zu stützen.

Die Barrenarbeit sollte für die ganze Klasse nur bei warmem und geschmeidigem Körper mit Streckübungen schließen. Eine feine Sache ist es, wenn sich der Schüler, wie ich bereits bemerkte, vor Beginn des Unterrichts auf diesen einstellt, um gelinde und ausdauernd seine körperlichen Fehler aufs Korn zu nehmen. Das ist besonders dringend bei ungelenken Füßen und einem schlechten En dehors. Der Schüler wird sehr viel mehr Nutzen aus dem Plié und dem Battement tendu ziehen, wenn er während dieser Übungen die verschiedenen Positionen korrekt und ohne Verkrampfung durchzuerxerzieren vermag.

An dieser Stelle möchte ich gerne auf eine seltsame Streckübung zum En dehors hinweisen, der ich oft begegnet bin. Sie ist außerordentlich gefährlich und dürfte auf keinen Fall im Klassischen Balettunterricht geduldet werden. Der Schüler liegt bei diesem Exercise auf dem Boden, das Gesicht nach unten, und zieht die Knie nach beiden Seiten hin aufwärts. Das kann er, ausgenommen, er besitzt von Natur ein En dehors von hundertachtzig Grad, nur durch das Anheben des Beckens erreichen, was eine Verbiegung des Rückgrats bewirkt. Derartige Übungen müssen immer auf dem Rücken liegend durchgeführt werden.
Dem Körper eine bestimmte Position zu geben, ähnelt der Anfertigung eines Kleides. Vor allem muß der Stoff, ehe man zuschneidet, glatt liegen. Die Paßform ist dann eine Sache von wenigen Abnähern und Falten. Ist das Material aber verzogen und zerknautscht, noch ehe man beginnt, wird das Kleid niemals sitzen. Alle Übungen sollten „stimmen", ehe man mit Energie nachhilft. Niemals darf vergessen werden, daß die „stimmige" Position die korrekte Haltung des Rückens, der Arme, des Kopfes einschließt und nicht auf die untere Körperhälfte beschränkt ist. Bei jedem Exercise sollte man der Ausrichtung der Schultern, des Halses, der Augen höchste Aufmerksamkeit widmen, denn gerade an diesen Stellen setzen sich rasch Fehler und schlechte Gewohnheiten fest.
Obgleich die Barrenarbeit vielerlei Variationen zuläßt, hält man sich doch meist bei der Vorbereitung an ein überkommenes Schema, das dem Tänzer genügt. Die Professionals trainieren eine Stunde vor jeder Aufführung etwa zwanzig Minuten hart. Im Unterricht aber, der täglich ungefähr eineinviertel bis anderthalb Stunden dauert, beanspruchen die üblichen Barren-Übungen knapp eine halbe Stunde. Dem Urteil des Lehrers bleibt es überlassen, das Tempo der Pas der jeweiligen körperlichen Verfassung der Tänzer und dem Standard der Schüler anzupassen. Meiner Meinung nach bekommt das langsame Arbeiten an der Stange Kindern und sehr erfahrenen, intelligenten Tänzern sehr gut. Zwischen diesen Extremen liegt eine Periode, in der der Körper zu harter, rascher Arbeit gezwungen werden muß, um Kraft und Schnelligkeit zu gewinnen. Hat man dieses Ziel erreicht, so ist die Rückkehr zur schonenden, korrekten, aber einfachen Methode des Aufwärmens wünschenswert. Diese Einsicht bestätigen immer wieder Tänzer über Dreißig, die ihren Körper genau zu kontrollieren wissen und die gelernt haben, wie sie Kraft vor dem Bühnenauftritt sparen und sich trotzdem ausreichend lockern. Phlegmatische Naturen jedoch und Tänzer, die den eigenen Körper nicht kennen, benutzen die langsame Arbeit am Barren als Ausrede. Sie „schlafen" oder

nehmen das Training überhaupt zu leicht. Der Lehrer muß darum in der Lage sein, den Barren seiner Funktion gemäß und den Bedürfnissen der Schüler entsprechend anzuwenden. Im folgenden schlage ich ein Programm vor, das der Barrenarbeit als Grundlage dienen könnte. Die genaue Schrittfolge habe ich in den Richtlinien, nach denen in meinen Kursen gearbeitet wird, festgelegt: 1. Pliés; 2. Battements tendus; 3. Battements glissés; 4. Ronds de jambe à terre; 5. Battements frappés; 6. Petits fondus développés; 7. Ronds de jambe en l'air; 8. Grands battements; 9. Petits battements sur le cou de pied mit fouettés ronds de jambe en tournant; 10. Développés; 11. Dehnungen.

Diese Übungen sollten alle mit dem vorgeschriebenen Port de bras und den entsprechenden Kopfbewegungen durchgeführt werden und mit den Jahren an Tempo und Schwierigkeit zunehmen. Wiederholung sur la demi pointe mit doppeltem Frappé und Rond de jambe en l'air und einem höheren Développé sind je nach den Fortschritten des Schülers hinzuzufügen.

In vielen Schulen, aus denen nicht selten Tänzer mit ausgezeichneter Technik hervorgehen, wird täglich à la barre unabänderlich dieselbe Schrittfolge geübt. Der Mechanismus des tänzerischen Körpers profitiert zweifellos von der Regelmäßigkeit des Exercise, doch ich bin überzeugt, daß sich unwillkürlich Gedankenlosigkeit in den Ablauf der Bewegungen einschleicht. Der Tänzer verliert nicht nur an Sensibilität, auch ungute Gewohnheiten werden nachdrücklich „zementiert". Man könnte mir entgegnen, daß auch ausgezeichnete Gewohnheiten sich verfestigen, was ich nicht abstreite – ich bin lediglich beunruhigt, von Zement, in welcher Form auch immer, in bezug auf tänzerische Körper zu hören. Im Gegensatz dazu überanstrengt eine allzu komplizierte und stets variierte Barrenarbeit den sich bildenden Körper, da sie mehr Konzentration auf die *Folge* der Schritte als auf deren Durchführung lenkt. Ein Ausgleich muß gefunden werden. Ganz gewiß brauchen Kinder für den Barren ein einfaches, aber wohldurchdachtes Programm. Das wäre etwa ein Jahr mit nur leichten Variationen stetig zu üben. Das verleiht empfindlichen Schülern ein Gefühl der Sicherheit und belastet nicht den Körper mit nervösen Spannungen. Nach fünf Jahren regelmäßigen Trainings ist es meiner Ansicht nach heilsam, die Übungen wöchentlich zu variieren (doch keineswegs deren Reihenfolge), damit die einzelnen Positionen nicht zur Schablone erstarren und der Schüler Gefahr läuft, nur noch blindlings zu repetieren. Das gilt vor allem für das Zusammenspiel von Kopfhaltung, Port de bras und dem Épaulement. Beine und Füße dagegen brauchen die vernünftig angewandte Wiederholung der vertrauten Schrittfolgen, obgleich die erwähnten Gefahren nicht vergessen werden dürften. Wenn ein Lehrer sagen kann: „Heute im Grand battement bitte diese neue Kopfhaltung" und ihm, nachdem er seinen Wunsch demonstriert hat, die ganze Klasse folgt, darf man ihm gratulieren. Er ist auf dem Wege, dem Choreographen eine Traum-Compagnie zu schaffen. Hat aber ein Berufstänzer Schwierigkeiten, eingewurzelte Positionen zu wechseln, so ist er zum Routinier geworden; für den schöpferischen Choreographen taugt er nicht mehr.

Barrenarbeit, richtig genutzt, sollte als die große Unterstützung, die sie für den Tänzer darstellt, hochgehalten werden. Lehrer, Professionals und ebenso die Schüler dürfen aber nicht vergessen, daß sich ein Tänzer am Barren ohne allzu großen Kraftaufwand für die anstrengendere Arbeit im freien Raum vorbereitet. So verstanden ist es richtig, daß der junge Tänzer an der Stange den Grund zu seiner künftigen Karriere legt.

Port de bras

Die erste Erinnerung mancher Tänzer an ihre eigenen Arme stammt aus der Epoche, als sich ihre kleinen Finger beim Emporrecken gerade über dem Kopf trafen und sie spürten, wie die Ellbogen ihre Ohren streiften. Zu diesem Zeitpunkt dürften sie etwa drei Jahre alt gewesen sein, denn die Voraussetzung zu dieser Position währt bei einem Kind, das wächst, nicht allzulange. Dennoch ein paar Dekaden später – wirkt die fünfte Position en haut immer noch am besten, wenn der Kopf die Mitte des Ovals einnimmt, das die erhobenen Arme bilden. Das streckt die Nackenlinie und hält die Schultern nieder.

Ich erinnere mich noch gut an die sanfte, zarte Rundung der Arme von Lydia Kyasht. Sie hob sie (keine eckigen Ellenbogen, kein abgeknicktes Handgelenk waren zu sehen) en couronne und schritt mit dem süßesten Lächeln die Reihe schwitzender Schüler entlang, und auf ihre Art ermunternd: „Darrlinck", gurrte sie, ohne Wechsel ihres engelhaften Ausdrucks, „du siehst aus wie eine fette Kuh". Sie brachte uns bei, während der Arbeit zu lächeln, auch wenn uns eher nach Weinen zumute war. Gewiß hat schon längst niemand mehr Sehnsucht, den Blick eines „Zaren" zu erhaschen, dennoch wäre gewiß jenes Lächeln dem grimmen Ausdruck vorzuziehen, der heute die Mienen vieler Tänzer ziert.

Die Form, die die Arme bilden, kann und soll die Neigung des Kopfes, das erhellte oder beschattete Gesicht, den Ausdruck der Augen beeinflussen. Leitet ihn Instinkt, so gehört der Tänzer zu den Glücklichen, die bloße Technik in Schönheit verwandeln. Es ist eine Fähigkeit, ohne die kein Tänzer Größe erreicht. Kommt sie ihm aus dem Unbewußten, so ist das begrüßenswert, doch sie kann auch gelehrt werden. Es ist ein geradezu sträfliches Versäumnis, wenn Lehrer heute, wahrscheinlich infolge allzu großer technischer Anforderungen, sich nur um die Kräftigung der Beine ihrer Schüler kümmern und diese zu athletischer Meisterschaft trainieren.

Ich liebe die Bewegungen der Hände und Arme. Manchmal will mir scheinen, daß sie den Atem des Tänzers sichtbar machen. Sehr schnell enthüllen sie individuelle Eigentümlichkeiten und verraten, wie emsige Klatschbasen, die Geheimnisse einer Persönlichkeit.

Es ist immer aufschlußreich, Menschen zuzuhören, die nichts von der technischen Seite des Balletts verstehen. Sie besitzen oft ein echtes kritisches Vermögen, das sich nicht durch die Bewunderung nebensächlicher Kunststückchen ablenken läßt. Sie können bei der Objektivität ihres Blicks Tänzern klare und fördernde Hinweise geben. Wenn man mit einem Menschen spricht, ist es natürlicher, ihm ins Gesicht zu blicken, als auf die Form seines Rists zu achten. Ebenso freimütig ist oft die Kritik der Außenseiter. Sie nehmen den Ausdruck wahr, und zwar besonders den der Augen; sie registrieren die graziöse Haltung des Kopfes, der Hände, der Arme und den mit ihnen korrespondierenden körperlichen Rhythmus. Doch mit einer Spur von Erfahrung beginnen sie dann vom En dehors und den Arabesquen zu reden, und der befreiende Einfluß, der Künstlern so guttut, ist verloren.

Wenn die Kunst von der Kommunikation lebt, scheint es mir sinnlos, die Tänzer der Mittel zu berauben, die Ausdrucksträger sind, nämlich der Augen und der Hände. Beide, Schüler und Lehrer, wären wohl beraten, das zu überdenken, ehe sie sich in einem Dschungel technischer Details verlieren.

Besonders Kinder haben oft eine reizende, unbefangene Art der Kopfhaltung, die durch den Blick, durch ihre Gedanken und Wünsche bestimmt wird. Diese natürlichen Reaktionen sind sorglich zu hüten und dürfen nicht dadurch zerstört werden, daß man auf einen Bewegungswechsel besteht, der nicht spontan erfolgt. Unbeholfenen oder scheuen Kindern ist es eine Hilfe, wenn man sich etwas einfallen läßt, worauf die kleinen Köpfe eher reagieren als auf eine theoretische Erläuterung des Bewegungsablaufs. Zum Beispiel: im Effacé wende den Kopf zur Seite und schlafe auf dem Kissen, das gerade hinter deinen Schultern liegt. Im Brisé dessus sollte das Girl sich vorstellen, daß es einen Tutu trägt und nachschaut, ob seine Füße unter dem Röckchen vorlugen. Kinder im frühesten Schulungsalter gewöhne man an, den Händen mit den Augen zu folgen. Der Kopf wird von selbst mitgehen. Dessen Art, sich zu drehen und zu wenden, ist ein derart persönliches Charakteristikum, daß meiner Ansicht nach dem Tänzer hier der freieste Spielraum zu gewähren ist. Nur Zeichen der Verspannung im Nacken oder Kinn sollten früh erkannt und ausgemerzt werden, ehe sie sich zur Gewohnheit verhärten.

Der Schüler müßte durchschauen, daß die Kopfbewegungen fast immer oberhalb des Nackens einsetzen. Man stelle sich die Wirbelsäule wie einen Stamm vor, der von der Basis des Rückens her aufsteigt, vom lose aufsitzenden Schädel gekrönt. Man lege den Zeigefinger auf die Nasenspitze und lasse den Kopf wackeln, ohne den Finger zu rühren und die Nackenmuskeln anzuspannen. Geschieht das völlig locker, nehme man den Finger fort und wende Gesicht und Augen Dingen zu, die nicht unmittelbar vor ihnen liegen. Immer noch sollten die Nackenmuskeln wenig mitspielen und der Kopf sich wie eine Blüte wenden, die sich nach der Sonne dreht.

Bei der nächsten Übung rühre man Kopf und Nacken, als ob sie bloß zwischen die Schultern eingehängt wären. Wenn diese beiden Bewegungsabläufe wirklich verstanden sind, kann die Choreographie sie als ausdrucksstarke Gesten einsetzen. Man denke an die Schwanen-Königin und beachte, daß das weiche Regen des Halses nach der ersten Arabesque, die ihrem Auftritt im zweiten Akt des „Schwanensees" folgt, das Wesen Odettes enthüllt, wenn der Kopf der Tänzerin Ausdruckskraft besitzt.
Die Muskeln, die den Kopf aufrecht halten, gehören zu den kräftigsten des Körpers. In allen unseren wachen Augenblicken sind sie am Werk. Darum überrascht es nicht, welche Bedeutung dem Nacken zukommt. Wird ein Tänzer nicht früh auf die Notwendigkeit hingewiesen, weitere Muskeln, die ihn bei schwierigen Pas unterstützen können, zu entwickeln, so werden sich dort unangenehme Spannungen zeigen, die unter Umständen zur häßlichen Verstärkung der Sehnen rechts und links der Kehle führen.

Im Kapitel über die „Mimik" werde ich von dem Gesichtsausdruck sprechen, wie er bezaubern und innerste Regungen sichtbar machen kann. Doch das ist nicht die einzige Funktion von Gesicht und Kopf. Ebenso wichtig ist die Rolle, die ihnen bei der Koordinierung von Technik und Körper zufällt. Beim „Spotting" in der Pirouette tritt das klar zutage, wo es unerläßlich ist, den Kopf scharf vor dem Körper zu drehen. Um zu beweisen, wie das „Vorangehen" des Kopfes das Gleichgewicht stabilisiert und den Schwindel verhindert, braucht man sich nur einige Male mit unbewegtem Kopf zu drehen. Man wird das Resultat sofort spüren! Auch das Gelingen anderer Balanceakte hängt von unseren Augen ab. Ein Tänzer, der auf geneigter Ebene zu arbeiten hat, wird den Blick ein wenig höher als gewöhnlich richten und so sein Gewicht nach rückwärts verlagern. Umgekehrt bleibt das Körpergewicht über dem Standbein, wenn der Tänzer nicht geradeaus, sondern leicht nach unten sieht, während er im Pas de deux die Balance hält (die Attitude-Promenaden im Rosen-Adagio sind ein gutes Beispiel). Im Allegro, ja überhaupt bei jedem schnellen Richtungswechsel, sollten Augen und Geist bestimmte Stellen im Raum fixieren, um dem Körper das Gefühl der Stabilität und dem Schritt Form und Richtung zu geben. Häufig empfehlen Augenärzte Gymnastik zur Stärkung der Augenmuskeln. Es würde nicht schaden, wenn Tänzer diesen Rat befolgten und ihre Augen von einer Seite zur andern drehten, sie auf und nieder bewegten und in ihren Höhlen rollten. Kindern macht das Spaß, und die Übung braucht täglich höchstens drei Minuten beim Training.

Die Vielfalt der Bewegungsmöglichkeiten von Kopf, Hand und Auge ging mir erst auf, während ich in Indien tanzte. Wir waren alle äußerst begierig, soviel wie möglich von den uralten Tanztraditionen zu sehen und zu erfahren, und nahmen darum sowohl bei Uday Shankar als auch bei Ram Gopal Unterricht. Nur zu rasch wurde uns peinlich bewußt, wie ungeschmeidig, ja nahezu unbeweglich unsere Hände im Vergleich zu denen jener Tänzer waren und daß unsere Augen samt den Lidern als Ausdrucksmittel kaum eine Rolle oder, richtiger ausgedrückt, keine vom Stil bestimmte Rolle spielten. Die außerordentliche Schönheit, die von dem biegsamen Körper ausgeht und durch eine geradezu religiöse Andacht zum Detail erarbeitet wird, kann uns viel lehren, denn die klassischen Tänze Indiens haben eine Verfeinerung erreicht, die von der westlichen Tanzkunst lange übersehen wurde. Trotzdem sei daran erinnert, daß das Klassische Ballett Sproß unserer Kultur ist und auf einer eigenen Technik beruht. Wir können unser Vokabular durch Adaptionen und Anleihen aus fremden Quellen bereichern, doch wir sollten uns vor einem üblen Stilgemisch hüten. Ich halte es für eine Gefahr, wenn Tänzer sich oberflächlich auf östliche Kulturen und Religionen einlassen. Diese sind Träger großer mystischer Erfahrungen und fordern absolute Disziplin und Versenkung. Mir scheint es anmaßend und töricht, wenn wir uns in kaum verstandenem Yoga üben (um nur ein Beispiel zu nennen), in dem irrigen Glauben, das könne unsere klassische Tanztechnik verbessern. Eine lebendige Religion und ein lebendiger Glaube ist für jedermann eine Quelle der Kraft und als philosophische Lebenshilfe Tänzern nicht weniger eine Stütze als anderen Leuten, doch als Abkürzung des Wegs zur Körperbeherrschung verlieren diese alten Weisheiten Sinn und Wert.

Manche Tänzer besitzen schöne, empfindsame Hände, doch zu viele strecken noch als Fortsetzung ihrer Arme zehn langweilige „Bananen" in die Luft. Warum muß das sein, wenn man doch weiß, daß die meisten Choreographen durch begabte Tänzer zu inspirieren sind? Bestimmte Motive, die ungewohnte Handbewegungen fordern und aufregende Wirkungen auslösen, rufen nach Tänzern, die in der Lage sind, Ideen zu interpretieren. Zappelige oder manierierte Hände sind nur eine Plage und können den Erfolg eines Künstlers unterminieren.

Wenn wir den kultivierten expressiven Gebrauch der Arme wünschen, müßte zuallererst verhindert werden, daß sich der Schüler angewöhnt, was ihm schadet. Weit verbreitet ist das Deuten mit dem Zeigefinger oder das Abspreizen des Daumens im rechten Winkel von der übrigen Hand. Beide Fehler, meist Zeichen der Verkrampfung, deuten auf einen Mangel an Kraft in einer anderen Körperpartie. Aber selbst wenn man das einmal nicht berücksichtigt, verderben sie auf jeden Fall den Fluß der Linien, da sie plötzlich den Blick stoppen. In den Richtlinien für meine Kurse habe ich die korrekte Handhaltung beschrieben. Hält man diese ein, dann ist die harmonische Linienführung garantiert. Eine ebenmäßige Hand braucht eigenes Leben, eigene Sensitivität, die mit dem übrigen Körper zusammenklingt. Herrliche Beispiele sind die Hände, die die Maler der italienischen Renaissance mit hingebender Zärtlichkeit porträtiert haben.

Ich kann mir für den Tanzschüler kein besseres Studienziel denken als seine völlige Identifikation mit der „idealen Linie", so daß er instinktiv weiß, wenn seine Hände diese ideale Linie verletzen. Der Stil der Arme und deren Bewegungen wechselt von

Land zu Land, von Schule zu Schule und selbstverständlich von Ballett zu Ballett. Wahr und richtig ist ein Stil dann, wenn er dem Ballett gemäß ist, an dem man gerade arbeitet: seinem Zeitkolorit, seinem Charakter, seinen graphischen Anforderungen. Darum sollten alle Bewegungen, die während des Trainings erarbeitet werden, von durchsichtiger Klarheit sein, auf der sich dann Stil gründen kann.
Arm- und Handbewegungen, die sich liebevoll dem Kopf anschmiegen, sind nahezu ganz aus dem Ballettsaal verschwunden. Ich bedaure das, da sich so die Hände, vielleicht als Folge geradezu hölzerner Ellenbogen, zu weit vom Körper entfernen. Die Fähigkeit unserer Finger, Dinge zu berühren, ist eine der sensitivsten Möglichkeiten, die wir besitzen. Eine Hand vermag Zärtlichkeit „darzustellen", wenn den Fingerspitzen gestattet wird, ein Gefühl des Einsseins, und sei es vielleicht nur mit der Luft, zu übertragen. Diese tastenden, zutraulichen Bewegungen zeigen Kinder, die noch von Neugier erfüllt sind und von dem Eifer, die Beschaffenheit ihrer Welt zu „begreifen". Aber sie gehen oft verloren, wenn das ernsthafte Training einsetzt und der Körper unter Druck und Spannung gerät. In dieser Periode sollte man sich das Richtige angewöhnen: die korrekte klassische Armhaltung und deren korrekte Positionen in der Ruhe. Später kann man im Interesse einer künstlerischen Interpretation lockerer verfahren, doch die Beherrschung und Reinheit der Linie wird mit der künstlerischen Reife sicher nicht verlorengehen.

Das theoretische Training und akademische Training wünscht weder den gestreckten noch den gebeugten Arm, sondern die Beherrschung einer fließenden Bewegung zwischen beiden, was für den Anfänger schwer zu erfassen und für den Lehrer schwierig zu erklären ist. Am besten ist, sich zu vergewissern, daß der Arm korrekt à la seconde am Barren plaziert wird. Arme, die täglich eine halbe Stunde in dieser Stellung aushalten, werden langsam Muskeln zu ihrer Unterstützung entwickeln. Gelingt es ihnen, reglos zu verharren, so wird sich die untere Körperhälfte gewöhnen, bei der Arbeit ohne die willkürliche Nachhilfe der Schulterpartie auszukommen. Die Arme sollten zart gerundet und gleichsam knochenlos erscheinen. Ich will damit nicht etwa sagen, daß sie sich wie Gummischläuche fühlen sollten, doch alle scharfen Winkel wie Ellbogen oder eckige Handgelenke müßten verschwinden. Eine solche Ausgeglichenheit darf aber niemals zur Starrheit führen. Der Gedanke an die fünfte Position wird für den Tänzer aufschlußreich sein. Nimmt er diese ein, befindet er sich in Ruhestellung, dennoch ist der Körper gespannt und bereit zur Aktion. So sollten auch die Arme, selbst in Ruhe, voller Vitalität sein und sich nicht durch die Arbeit anderer Glieder zu ungewollten Reaktionen hinreißen lassen. Nützlich und keineswegs abwegig ist es, sich während eines Pas an die Armbewegung durch die fünfte Position en avant zu gewöhnen. Das hindert die Arme, ungezügelt auszufahren und beim Springen aufwärts zu schießen; außerdem zwingt es die Rückenmuskeln zur exaktesten Mitarbeit. Vorausgesetzt, die Distanz von Körper und Händen stimmt, so werden durch dieses Exercise die Schulterblätter gedehnt und gesenkt und der Rücken gestrafft. Mit allem Nachdruck bestehe man darum beim Training auf dieser fünften Position en avant. Durch diese Methode wird eine solide, einwandfreie Basis geschaffen, die den Schüler vor schädlichen Angewohnheiten bewahrt und ihm später bei langen Proben und Routine-Vorstellungen sehr zustatten kommt. Wenn die Arme von der Wirbelsäule her genau kontrolliert werden, sind sie in der Lage, in hohem Maße alle technisch schwierigen Schritte zu unterstützen. Darüber hinaus sind sie es, die dazu beitragen, die Illusion der Schwerelosigkeit zu erzeugen; sie längen den Umriß und verleihen den Schritten und Drehungen Schwung und Feuer.

Da das Schultergelenk ein sehr komplexes Gebilde ist und die Fehler, die bei falschem Gebrauch sich zeigen, allzu offensichtlich sind, verlieren die meisten Lehrer viel Zeit mit deren Korrekturen und vergessen oder sehen es nicht, daß die Quellen des Übels oft an anderer Stelle zu suchen sind. Die Reaktion sehr scheuer Kinder ist nun einmal, wenn sie nervös werden, die Schultern hochzuziehen. Übrigens ist das eine Abwehrbewegung, die man überall beobachten kann: charakteristisch für jeden Menschen, wenn er erschrickt oder sein Selbstvertrauen einbüßt. Der psychologischen Ursachen für „nervöse Schultern" sind viele, doch wenn man Kindern gestattet, unter solcher Spannung zu arbeiten, und sie niemals lernen, die fraglichen Muskeln zu entkrampfen, wird es außerordentlich schwierig sein, sie später zu korrigieren. Manchmal entwickeln junge Männer bei allzu schweren Hebungen im Pas de deux hohe und massive Schultern oder sogar einen runden Rücken, Fehler die am sichersten durch den Versuch bekämpft werden (wenn der Pas de deux weiter exerziert werden muß), die Hebekraft gleichmäßiger über Schenkel und Rücken zu verteilen.

Manchmal ist eine unbefriedigende Schulterpartie auch von den Ellbogen her zu korrigieren. Streckt man den Arm zur Seite, die Handfläche diagonal geradeaus und abwärts gerichtet, wird man feststellen, daß man den Ellbogen aufwärts drehen kann, so daß, wenn der Arm sich beugt, die Hand eine steigende Kurve nimmt. Wird der Ellbogen zurückgedreht, so fällt bei der Krümmung des Arms die Kurve. Aber der Ellbogen, der kein Kugelgelenk ist, kann, seiner anatomischen Beschaffenheit nach, nur in einer Richtung, mit leichten Schwenkungen zur Seite, gebeugt werden. In Wirklichkeit rotiert bei jenen Drehungen der Oberarm im Schultergelenk. Daraus folgt, daß bei falscher Ellbogenhaltung der Arm falsch im Schultergelenk sitzt. Fehlerhaft ist auch, was man häufig sieht, ein Ellbogen, der bei seitlich ausgestrecktem Arm, verglichen mit dem Handgelenk, „durchhängt". Das kürzt und unterbricht nicht nur die Armlinie, sondern erzeugt auch einen zusätzlichen Winkel an der Schulter und nutzt die Muskeln des Brustkorbs nicht wirklich aus. Zur Verbesserung der Position muß der Ellbogen so weit angehoben werden, daß der Arm eine sanfte Kurve zur Hand hin beschreibt. Auch das Handgelenk darf den Fluß der Linie nicht unterbrechen. Wenn der Arm gebeugt wird, sollte die Hand einen Bogen ziehen, der nach vorn und horizontal zum Boden verläuft. Manche Bewegungen setzen sogar im Ellbogen ein. Das bekannteste Beispiel sind die „fliegenden Schwäne" in „Schwanensee". Diese wogenden Gesten wirken übertrieben und unelegant, wenn die Schultern den auslösenden Impuls geben. Tänzerinnen sollten sich darum fest einprägen, daß die Bewegung im Ellbogen beginnt; Handgelenke und Finger folgen.

Auch bei der Pirouette fällt die Vorbereitung weitgehend dem Ellbogen zu. Lehrern wäre zu raten, aufmerksam ihre Schülerinnen zu beobachten, die beim Kreiseln das Gleichgewicht verlieren. Vielleicht liegt der Fehler beim Ellbogen, und die mangelhafte Koordination der Schultern ist die Folge.

Tänzerinnen sind verpflichtet, aus ästhetischen Gründen auf ihre Ellbogen zu achten und sie zu pflegen, um sicher zu sein, daß an dieser Stelle die Haut makellos bleibt und die unvermeidliche Faltenbildung, die sich allmählich beim Strecken des Gelenks einstellt, so weit wie möglich hinausgeschoben wird. Sie sabotiert oft die Illusion zauberischer Jugend, die die Ballerina schaffen soll.

Außer dem Training schöner und traditioneller Ports de bras dürften Lehrer und Schüler nicht vergessen, gewohnheitsmäßig täglich Kopf und Nacken, Augen und Ellbogen, Handgelenk und Finger durchzuarbeiten, damit alle Gelenke geschmeidig bleiben. Die Grundübungen, wie man sie Kindern aufgibt, genügen, solange der Tänzer sicher sein kann, mit ihrer Hilfe alle Funktionen der Gelenke ausreichend zu kontrollieren. Ratsam ist auch, Enchaînements zu üben, bei denen

der Rhythmus der Arme und Beine nicht synchronisiert ist. Ein gutes Beispiel für ein solches Exercise findet man im Kapitel „Batterie".

Eine weitere Kombination, die nicht in erster Linie den Rhythmus, sondern Koordinationen, die getrennt verlaufen, berücksichtigt, eignet sich für Kinder, die bereits eine Schulung von drei Jahren hinter sich haben. Sie wird folgendermaßen erarbeitet:

Stehe am Barren, den rechten Fuß vorn.
2/4 oder 6/8
Ein Battement glissé in jeder Position en croix. (1, 2, 3, 4)
Beim ersten Battement wird der rechte Arm in die V. Position en avant genommen. (1)
Beim zweiten Battement den Arm zur V. en haut. (2)
Beim dritten zur seconde. (3)
Beim vierten Battement kehrt der Arm zur V. Position en bas zurück. (4)
Wiederhole die vier Battements glissés, doch wechsle die Arme. Zum Beispiel:
(1) à la seconde, (2) en haut, (3) en avant, (4) en bas.

Viele Künstler dürfen sich glücklich preisen, wenn sie von Natur über ausdrucksvolle Arme und eine ausdrucksvolle Kopfhaltung verfügen. Instinktiv werden sie richtig der Musik folgen und den Charakter, der ihnen aufgegeben ist, mit allen dramatischen Mitteln darzustellen wissen. Andere müssen diese Fähigkeiten entwickeln. Zusammenfassend möchte ich meine Schüler anregen, folgenden Rat anzunehmen: Beginne damit, daß du die Aufmerksamkeit für die jeweilige Position deiner Hände schärfst. Antizipiere den Bogen, den sie in der Luft zu beschreiben haben. Folge diesem und bemühe dich, deine Arme aktiv den verschiedenen Enchaînements im Training anzupassen. (Die korrekte Haltung am Barren vermag nur die Arme selbst zu vervollkommnen, ihr schöner Gebrauch ist der nächste Schritt.) Mehr als alles andere verleihen Arme und Kopfhaltung dem Tanz Zeitstimmung und Stil. Vergiß nicht, daß ein kleines Enchaînement, mit Spitzenarbeit im Geschmack des 19. Jahrhunderts, nicht den lyrisch gehobenen Arm braucht, oder umgekehrt,ein klassisches Adagio wird ruiniert, wenn die Arme nicht ausreichend gestreckt und die Hände und Handgelenke geziert erscheinen.

In dreierlei Hinsicht müssen Arme und Kopf den Tänzer unterstützen: technisch durch den Ausgleich der Balance, ästhetisch zur Vervollkommnung seines Umrisses und schließlich, im Zusammenwirken mit dem übrigen Körper, wird durch sie der choreographische Gedanke akzentuiert.

Adage

Das Wort Adage stammt aus dem Italienischen und obwohl gemeinhin die Bedeutung „langsam" akzeptiert ist, gibt das Musiklexikon außerdem die Definition: „behaglich, ungezwungen oder bequem", was auf das Ballett angewandt ein erheiterndes Paradoxon darstellt, denn nichts ist schwieriger und fordert mehr Kraft und Körperbeherrschung als die langsamen Bewegungen, wenn sie gut durchgeführt werden sollen. Trotzdem halte ich es für nützlich, diese Klangfarbe des Wortes Adage nicht zu vergessen, denn gerade sie muß sich dem Zuschauer mitteilen; man sollte sich darum mühen, den Anschein jeder Anstrengung zu bannen, dagegen aber eine träumerische Atmosphäre schaffen, die das Publikum zu teilen vermag.
In dieser Pose kann der Tänzer die Vollkommenheit seiner Haltung demonstrieren. Nichts darf die Harmonie und den gleitenden Umriß dieser Kunstfigur beeinträchtigen. Ein so winziger Fehler wie ein zu weit vorgestreckter kleiner Finger stört eine im übrigen untadelige Arabesque ebenso empfindlich wie die falsche Hüfthaltung, die im Adage weder verborgen noch durch Mogelei überspielt werden kann. Es sind übrigens derart vielerlei Bewegungsabläufe zu koordinieren, daß jeder Lehrer sich hüten sollte, zuviel Instruktionen auf einmal zu erteilen, denn der Schüler kann sich zur gleichen Zeit nur mit einer Sache ernsthaft beschäftigen. Das Adage beruht darum, von der körperlichen Disposition her betrachtet, auf einem langweiligen Wachstumsprozeß, der Haltung, Energie und richtige Angewohnheiten fördert.

Am ehesten aber wird die Reinheit der Linie durch „Kopfarbeit", das heißt durch die Konzentration auf die Wesenszüge der Figur, erreicht. Das technische Detail, von dem Linie und Haltung abhängen, muß à la barre erlernt werden. Nach wenigen Jahren dürfte das Strecken der Füße, ungeschickte Hände oder verkrampfte Schultern für den Schüler kein Problem mehr sein. Automatisch, allein durch die Macht der Gewohnheit, müßten die Gesetze, die die jeweilige Körperstellung dirigieren, befolgt werden. Dabei wird man feststellen, daß die Konzentration auf den „Geist" der Pose die technische Verfeinerung vorwärts treibt, denn sie durchdringt den Körper mit der Vorstellung von deren Sinn, so daß die Muskeln, Sehnen, Glieder innerhalb der zarten Grenzen einer stilisierten Bewegung harmonisch ineinander spielen.

Im Bereich des Klassischen Balletts denkt man bei der Vokabel „Adage" oft nur an die langsamen Bewegungen im Pas de deux, in denen sich die Souveränität der Tänzer gelassen statuiert. Selbstverständlich ist das keineswegs die einzige Art und Weise, in der diese Tanzform zu nutzen ist. Getragene, verhaltene Bewegungen vermögen vielerlei auszudrücken: Feierlichkeit, Staunen, Melancholie und Verzückung, aber auch den Frieden, die Zärtlichkeit, nicht zu reden von Apathie und Erschlaffung. Doch hier, auf diesem engen Raum, ziehe ich vor, anstatt weiter bei der Interpretation der Qualitäten dieser Bewegungsart zu verweilen, die Punkte genauer darzulegen, auf denen die sublime Körperkontrolle des klassischen Tänzers beruht, während er die Reinheit der „Linie", deren nur er fähig ist, demonstriert.
In einer weitausgreifenden, noblen Attitüde ist der Blick geradeaus gerichtet, der Körper fühlt sich frei und gestreckt, die Position strahlt nach außen. Sinken die Augen, wird der Kopf sich ebenfalls neigen: der Umriß wird weicher, schmaler, die Bewegung weist nach innen. So zerstört auch ein Tänzer – seine Glieder mögen so schlank und lang sein, wie sie wollen – den über alle Grenzen hinausweisenden Charakter dieser Position,

wenn er, um im Gleichgewicht zu bleiben, eine bestimmte Stelle der Wand fixiert. Damit setzt er der inneren Vorstellung eine Grenze. Nur wenn diese Vorstellung den Blick dirigiert, endet die Arabesque nicht mit Finger- und Zehenspitze, sondern vermittelt dem Zuschauer ein Gefühl der Unendlichkeit. Da der Blick in allem Ernst beim Balancieren eine außerordentlich wichtige Rolle spielt, versuche ich persönlich, meine Schüler zu überzeugen, daß es ihnen möglich ist, ein zweites Augenpaar in der unteren Rückenpartie zu entwickeln, mit dessen Hilfe sie die Balance kontrollieren und adjustieren. Ihre wirklichen Augen sind dann frei und vermögen Emotionen zu übertragen. Diese Art der Konzentration wird durch allzu reichlichen Gebrauch des Spiegels behindert, der sich, obwohl er zu den üblichen Einrichtungsgegenständen des Ballettsaals gehört, für Anfänger als besonders schädlich erweisen kann. Es ist absolut verkehrt, die Aufmerksamkeit auf das Spiegelbild zu richten und sich so auf die optische Bestätigung zu verlassen, anstatt eine Konzentration vorzuziehen, die direkt in das Zentrum, auf den „Kontrollstand" der Position, zielt. Nur wenn man diese Konzentrationsfähigkeit übt, vermag sich eine Atmosphäre der inneren Wahrhaftigkeit zu bilden, die ihrerseits den Körper durchdringt.

Nicht uninteressant ist es, die Schüler zu bitten, verschiedene Tanzpositionen aufzuzeichnen. Selbst wenn der Tänzer nicht über das Talent eines Zeichners verfügt, wird er zu dem Versuch gezwungen, auf dem Papier und ohne erklärendes Wort, sein „Inbild" der gewünschten Linie darzustellen, was sein Wissen um Form und Gestalt vertieft. Tänzern sollte stets gegenwärtig sein, daß gute „Adage"-Arbeit nicht eine Frage heftigen Beinwerfens ist, sondern daß die Schönheit der Position, ganz gleich, wie weit oder wie hoch sie ausgreift, stets von der Harmonie des Ganzen abhängt. Selbstverständlich muß der Tänzer über äußerst bewegliche Beine verfügen, und eine hohe „Extension" kann hinreißend schön sein, wenn sie zu einem genau umschriebenen Zweck eingesetzt wird und der übrige Körper auf kluge Weise mitgeht. Doch was bedeutet ein gelenkiges Bein, dem der Bezug zur Gesamtform fehlt? Das ist Akrobatik, es ist wertlos, es ist vulgär. Hat der Tänzer, wenn er zu einem Développé ansetzt, eine genaue Vorstellung, wo sein Bein bei ganzer Streckung und voller Hebung sich befinden wird, und konzentriert er sich gleich zu Beginn auf dieses „Denkbild", so wird das Heben des Beins die Zuschauer mit Erwartung füllen, und die abschließende volle Streckung wird zur atemraubenden Realisation.
Während des Tanzes ist die Bedeutung der „Linie" nicht auf die Position des Körpers in einem bestimmten Augenblick beschränkt, sondern sie sollte sich dem ganzen Bewegungsablauf mitteilen. In einem Grand rond de jambe muß der Bogen, den das Bein in der Luft beschreibt, ebenso schön sein wie das Bein selbst. Beim Tanzen werden viele Kreise gezogen, und die Muster, die wir auf den Boden zeichnen, müßten denen verwandt sein, die unsere Glieder in der Luft ziehen. Schon zu Beginn des fünfzehnten Jahrhunderts sagte Domenico von Piacenza, der, soviel wir wissen, als erster über die Tanzkunst schrieb: „. . . drehe dich nicht einfach in der Runde, sondern erwecke den Eindruck, daß du dabei bist, einen Kreis zu erschaffen". Auf diese Weise gewinnt der Tanz eine dreidimensionale, plastische Qualität, die hier zu hoher Reife gelangt. Tänzer müssen vermeiden, gewohnheitsmäßig von einer statischen Position in die andere überzuschwenken, oft blind gegen die unrhythmischen, häßlichen Übergänge und ohne Zusammenhang mit der musikalischen Begleitung. Innezuhalten auf dem Höhepunkt einer Pose, ist richtig. Der vorüberhuschende Eindruck kann sich im Geist des Zuschauers verfestigen, doch eine Serie solcher Unterbrechungen schwächt den dramatischen Effekt.

Ich glaube, daß das Ausmaß an Musikalität, über das ein Tänzer verfügt, sich am ehesten in den weitausholenden Pas manifestiert. Sie bieten der rhythmischen Nuancierung einen größeren Spielraum als die Staccato-Schritte des Allegro, und ein guter Tänzer findet Gelegenheit, die Musik, gemäß seiner persönlichen Einsicht, zu interpretieren und zu phrasieren. Springen zwingt offensichtlich dem Körper einen anderen Rhythmus auf als die langhingezogene Adage-Bewegung. Das Herz schlägt schneller, die Muskeln spannen und entspannen sich rascher, Antrieb und Aktivität wachsen. Ehe der Tanzschüler nicht fähig ist, diese Schwingungen des eigenen Körpers zu erkennen und zu meistern, ist es für ihn schwierig, nach einem Allegro-Exercise die rechte Ruhelage für eine langsame, ausgewogene Arbeit zu finden. Darum empfiehlt es sich, die Adage-Enchaînements noch vor den Exercises sautés, kurz nachdem man den Barren verlassen hat, in Angriff zu nehmen, wenn der Körper warm und geschmeidig ist.
Die langsamen Drehungen, wie sie in den Adage-Kombinationen praktiziert werden, erfordern außerordentliche Kraft und Sicherheit. Werden sie aber gut durchgeführt, besitzen sie höchste Schönheit. Sie sollten nicht mit den Pirouetten vermengt werden, deren Balance auf der Senkrechten beruht, und die die scharfe Kopfdrehung brauchen, sondern lieber in einer gegebenen Position kreisen oder sogar das Gleichgewicht und die Arm- und Beinstellung während der Drehung wechseln. Diese bezaubernden lyrischen Figuren wurden bis ins letzte von der Jooss-Schule durchgefeilt und dienen nun dem Vokabular des klassischen Tänzers zur Bereicherung. Anfängern dürfte niemals erlaubt werden, mit den Hüften die Senkrechte über dem tragenden Fuß zu verlassen, doch später sollte ein guter Tänzer imstande sein, das Gewicht der Schultern, um eine Drehung in der Spirale zu harmonisieren, instinktiv dem arbeitenden Bein und den Armen anzupassen, die gleichzeitig ihre Parabelbögen ziehen.

Die Arabesque ist unter allen Stellungen, über die das Klassische Ballett verfügt, diejenige, die am ehesten wiedererkannt und am häufigsten karikiert wird. Unweigerlich wirft der ahnungslose, sonderbare Witzbold, wird er einem Tänzer vorgestellt, Körper und Arm nach vorn, während er das Bein ziemlich kläglich en derrière streckt. Er schließt die Augen, seraphische Torheit spiegelt sein Gesicht. Schließlich läßt er die Position fahren und fragt mit albernem Seitenblick, dem die Grimasse wich: „Wie habe ich das hingekriegt?" Der Tänzer geht wacker auf den Spaß ein und kontert spöttisch: „Sie sind engagiert". Doch sein Herz blutet. Ihn kostete es fünfzehn Jahre, um seiner Arabesque die Vollkommenheit zu sichern, und dieser Narr, dieser heillose Einfaltspinsel besudelt, was heilig ist. Ich bin überzeugt, alle Tänzer reagieren auf diese Weise, nicht weil sie fad, kindisch oder überheblich wären, sondern weil ihre Arbeit die ganze Kraft, die ungeschmälerte Hingabe fordert und darum volle Achtung verdient. Doch die Empfindlichkeit Spott gegenüber sollte den Tänzer antreiben, alles daran zu setzen, damit die eigene Leistung nicht Spott herausfordert.
Die Arabesque, diese schöne und harmonische Position, ist reich an Abwechslung. Obwohl Höhe und Haltung des erhobenen Beins verblüfft, ist es doch der Rücken, dem die entscheidende Rolle zufällt. Von der Fingerspitze bis zur Zehe hängt die Ausgewogenheit der Pose von diesem Teil des Körpers ab. Je kraftvoller der Rücken, um so größer die Wirkung. Darauf wäre noch im Hinblick auf die dümmlichen Späße unserer Freunde unter den Spießern hinzuweisen.

Die große Lehrmeisterin Vera Volkova pflegte beim Training zu sagen: „Ich möchte nicht Mary Smith sehen, wie sie die Arabesque absolviert, sondern ich wünsche eine Arabesque zu sehen, und will dann in meinem Programm nachschauen, um festzustellen, wer das war, der mich bezaubert hat." Hier rühren wir an ein Geheimnis. Von Anbeginn an sollte bei der Erarbeitung des Développés besondere Aufmerksamkeit der Haltung des Oberkörpers gelten. Die gestreckte Wirbelsäule darf auf keinen Fall in Mitleidenschaft gezogen werden. Der Energiefluß innerhalb der Schulterpartie muß horizontal von einem Punkt knapp unterhalb und hinter der Achselhöhle durch die Körpermitte zu dem entsprechenden Punkt auf dessen anderer Seite fließen; die Kraft des *unteren* Rückens hätte - das Kreuzbein gut abwärts, nicht vorwärts gedrückt - in senkrechter Richtung zu wirken. Der Rücken ist wie ein dehnbares Dreieck zu denken:

Unter den Schultern

Kreuzbein

Niemals dürfte diese Vorstellung ein Gefühl der Starre und Unbeweglichkeit erzeugen. Im Gegenteil, wenn bei der Arbeit sich die Spannung auf diese Weise verteilt, wird das Rückgrat frei zum graziösen und wohl beherrschten Spiel. Die Taille sollte geschmeidig sein und schlank erscheinen, und zwar nicht durch das Einziehen des Bauchs, als ob man den Atem anhielte, sondern durch die Streckung des Oberkörpers. Ebenso wäre die Tendenz zu meistern, bei allzu großer Gelenkigkeit, die Hüften zu wenden, während der Oberkörper unbeweglich bleibt.

Die Bauchdecke sollte flach und elastisch sein. Dieses Bewußtsein, einen schlanken und gestreckten Leib zu besitzen, resultiert aus der Gewohnheit, die untere Rückenpartie zu dehnen und die Beine im Hüftgelenk auswärts zu drehen, ohne die Gesäßmuskeln zu gebrauchen.
Folgende ausgezeichnete Übung zur Stärkung der Bauch- und Rückenmuskeln ist am Barren durchzuführen: Stehe mit dem rechten Fuß pointe tendue en arrière, den rechten Arm en haut. Vollführe drei Grands battements en cloche, halte das dritte Battement so hoch wie möglich bis 4 durch, biege den Körper vom Becken aus in einer geraden Linie zurück. Sacke nicht in der Taille ein, beuge auch nicht das Knie des Standbeins. Wiederhole in einer Arabesque penchée mit dem Nachdruck auf 4, der Arm bleibt en haut.
Um die volle Beherrschung des Adage zu erlangen, gibt es kein besseres Rezept, als täglich eine Dosis Temps liés in seiner ganzen progressiven Vielfalt. Ich gebe hier eine geradeaus gerichtete Version dieses Exercise, die zu einem weichen Wechsel der Füße und dem kontrollierten Senken von der halben Spitze aus verhilft.
V. Position croisé. Rechter Fuß vorn (langsamer 3/4-Takt). Fondu auf dem linken Fuß, rechter Fuß sur le cou de pied devant, Arme V. Position en bas, Kopf zum rückwärtigen Fuß geneigt 1 2 3.
Développé en quatrième croisée devant en fondu, Arme V. Position en avant 2 3 3.
Rechter Fuß Piqué sur la demi pointe, linkes Bein bleibt rückwärts in der Arabesque croisée. Rechter Arm zur Seite en haut. Kopf nach vorn gewandt und leicht geneigt 3, die Balance halten 2 3.
Langsamer Abstieg über den Standfuß in das Fondu, Körper, Arme und linkes Bein bleiben in der Position 4 2 3.
Coupé dessous mit kleinem Sauté, linker Arm kommt zur cinquième en avant herab, und der ganze Körper blickt nach vorn 5 2 3.
Développé à la seconde en fondu, linker Arm öffnet sich zur II.Position 6 2 3.
Stehe auf mit dem rechten Bein und hebe sogleich das linke à la seconde, die Arme bleiben in der II.Position, 7, halte die Position (2 3), danach weiches Fondu auf dem rechten Fuß, halte die Position 8 2 3.

Wiederhole mit der anderen Seite, beginne mit einem kleinem Temps levé, um in ein Croisé zu drehen, und nimm den linken Fuß sur le cou de pied devant herab.
Wiederhole beide Seiten en arrière, vollziehe das erste Coupé dessus, das Développé en arrière croisé und das Piqué en quatrième croisé mit dem Arm, der dem gestreckten Spielbein gegenüber liegt.

Pirouette

Die Pirouette – welch viel mißbrauchte Magd der Choreographen! Oft kann man sich des Eindrucks nicht erwehren, daß diese geplagten Leute (mal aus Verlegenheit um einen Pas zu ein, zwei Takten Musik, mal aus Furcht, daß ihnen sonst ihr Publikum einschliefe) rasch ein paar gepfefferte Kunststückchen einflicken: darunter auch die stets griffbereite Pirouette. Heute darf kein Tänzer auf einen Platz in einem Corps de ballet von bescheidener Größe hoffen, außer er ist in der Lage, drei Drehungen mit einem klaren Finish zu bewerkstelligen. Die meisten Solisten schaffen acht und mehr. Diese Forderung, die an den männlichen Tänzer gestellt wird, führt dazu, die Fähigkeit des Kreiselns zu überschätzen. Selbstverständlich ist die Pirouette im richtigen Zusammenhang eine hinreißende Sache, trotzdem möchte ich hier betonen, daß die Vielzahl der Pirouetten allein noch nicht den Tänzer macht. (Ich bin jedoch die erste, einem sauberen und aufregenden „Bravura", mit dem eine Variation endet, zu applaudieren!) Mit all dem will ich nicht etwa sagen, daß in der guten Choreographie kein Raum für die Pirouette sei. Im Gegenteil, sie gehört zum festen Bestand des tänzerischen Vokabulars und kann, je nach der Geschicklichkeit, mit der der Choreograph diesen Schritt benutzt, sowohl Emotionen vertiefen, wie auch durch ihre Spiralen das Ballett um abstrakte Formen bereichern.

Interessant ist eine Tatsache, die man feststellen kann, wenn man untrainierten Kindern zusieht, wie sie improvisierend zur Musik tanzen. Mehr als drei Viertel beziehen Kreiselschritte ein, und junge Leute kann man oft beobachten, wie sie sich unentwegt in einer Richtung drehen, bis der Schwindel sie zu Boden wirft. Diese frühe Faszination, die von der Drehung ausgeht, durchdringt alle Folklore, die das Tanzen im Kreis, das Wirbeln des einzelnen oder der Paare kennt. Spektakulär sind die Rasereien der Derwische, die zum Mittel der Trance werden.

Vielleicht sind innerhalb des Klassischen Balletts die zweiunddreißig Fouettés ronds de jambes en tournant im dritten Akt von „Schwanensee" die bekannteste Pirouettenserie. Sie wurde Ende des letzten Jahrhunderts in der Mailänder Ballettschule zur Vollkommenheit entwickelt. Zambelli brachte sie nach Paris, Bessone und Legnani nach London. Pierina Legnani hatte dieses für zeitgenössische Begriffe wahrhaft formidable Bravourstück schon mehrere Jahre in ihrem Repertoire, ehe sie diesen Pas als Odile den erstaunten Russen 1895 in der ersten Leningrader Aufführung des „Schwanensees" vorführte. Diese Aufführung war die zweite Inszenierung von Tschaikowskys Ballett, die bestimmt war, es für alle Zeit zum berühmtesten Tanzdrama der Welt zu machen. Petipa, bereits ein alter Mann, sah seine Macht schwinden. Tschaikowsky war 1893 gestorben. Ihm zu Ehren wurde 1894 der zweite Akt des einst in Moskau mehr oder weniger durchgefallenen „Schwanensees", in der Choreographie von Lew Iwanow, neu aufgeführt. Die historisch gewordene Inszenierung des nächsten Jahres nahm diesen zweiten Akt in seiner Ganzheit auf. Wahrscheinlich war es für Pierina Legnani ein leichtes, Petipa zu überreden, sie ihre legendäre Meisterschaft im dritten Akt entfalten zu lassen. So kamen die zweiunddreißig Fouettés auf die Nachwelt. Sie genügten, um die ganze Marinsky-Schule aus schierem Ärger zum Drehen zu bringen, und sehr bald meisterten eine Reihe Tänzerinnen diese Kunst. Trotzdem blieb es bis zum heutigen Tag der Pas de deux des Schwarzen Schwans und ein Dorn im Fleisch für manche der besten Odette-Odiles. Immerhin ist diese

Kraftleistung legitimiert, da sie dazu dient, die Doppeldeutigkeit Odiles zu charakterisieren.
Heute, wo die meisten der vor dem Abschluß stehenden Schüler ohne allzuviel Schwierigkeiten einfache und doppelte Fouettés schaffen, wünscht man mehr denn je, daß wir Filme besäßen, die uns einen Blick auf die sagenumwobenen Tänzer der Ära gestatteten, die noch kein Kino kannte. Wie hielt Mademoiselle Heinel, die Erfinderin der Pirouette, den Kopf? Legte die Legnani, während sie ihre zweiunddreißig Fouettés vollführte, den Akzent auf das Fondu oder das Relevé? Wie stark waren Charlotte Grisis Schenkel? Brachte Vestris den Entrechat dix zustande? Tausend Fragen und alle prosaisch. Doch leider fängt kein Film die Magie dahingegangener Tänzer und übrigens auch nicht die unsrer Tage ein. Man wäre schon froh über die Aufzeichnung visuell wahrnehmbarer Facts, die nicht weniger interessieren, da jeder Krumen Information uns fasziniert.

Eines steht fest: Körperbau und Körperkraft lassen den männlichen Tänzer eine Drehung besser beherrschen, als es seine Partnerin vermag. Schon beim Start kann er sich den kräftigeren Schwung leisten. Wo liegt aber genau diese größere Kraft? Vor allem in den Schultern, dem Rücken und den Schenkeln, denn die Pirouette wird nun einmal vom Rücken her dirigiert. Die Ballerina aber, die sich auf der Fußspitze dreht und vom Boden her den geringeren Widerstand erfährt, kann sich oft steiler aufgerichtet und auch rascher als der Mann drehen, obwohl sie gewöhnlich schneller ihre labile Balance verliert. Man kann das feststellen, wenn man Tänzerinnen beobachtet, die glänzend pirouettieren, wenn ein Partner sie - und sei es fast nur zum Schein - stützt, und die es ohne Unterstützung nur auf zwei oder drei Umdrehungen bringen. Die meisten Tänzer drehen leichter nach der einen oder nach der anderen Seite. Ein merkwürdiges Phänomen existiert, für das ich gerne eine Erklärung wüßte: im Westen drehen sich die meisten Tänzer besser nach rechts, während die Tänzer des östlichen Europas, von Mosieyew bis zu Kirow, die Linksdrehung zu bevorzugen scheinen. Ich bin überzeugt, daß hier keinerlei Politik im Spiele ist, doch die physiologische Tatsache bleibt bestehen.

Pirouetten scheinen auch eine sehr direkte Beziehung zur jeweiligen Persönlichkeit zu haben. Der leidenschaftliche, leicht erregbare Tänzer vollzieht diesen Pas oft sehr viel besser - manchmal auf Kosten der akademischen Klarheit - als der vorsichtige und ängstliche Typ. Außerdem fiel mir auf, daß kurzsichtige Schüler oft weniger Schwierigkeiten mit den Drehungen haben, was ich mir nicht zu erklären weiß, da doch das Gleichgewicht stark von den Augen aus (und natürlich auch durch die Ohren) gesteuert wird.

Doch vor allem ist bei einem erfolgreichen Pirouettieren der Sinn für den „stimmigen" Bewegungsablauf wichtig. Man braucht verschiedene technische Hilfen, und die Regeln wollen beachtet sein, doch das alles wird zunichte, wenn die Balance durch falsche rhythmische Koordination gestört wird.

Betrachten wir zunächst die technischen Einzelheiten:
1. Wenn man zur Pirouette en dehors von der vierten Position aus ansetzt, muß das Gewicht über dem vorderen Fuß sein. Erst in der letzten Sekunde, vor dem Abstoß in das kleine Extra-Plié, verlagert sich das Gewicht einen Augenblick lang auf beide Füße.
2. Die Ferse des Standbeins muß unbedingt während der Vorbereitung am Boden bleiben, um ein kräftiges Relevé zu vollführen. Oft sieht man, daß in Pirouetten en dehors von der vierten Position aus der vordere Fuß, genau in dem Augenblick, ehe die Drehung beginnt, sich einwärts kehrt.
3. Wenn die Tänzerin auf der Spitze dreht, muß sie ganz leicht aufspringen, um

korrekt über den tragenden Fuß zu gelangen. Das heißt, die Fußspitze verschiebt sich ein wenig seitwärts, zu dem Punkt, wo die Mitte des Fußes hielt; dadurch wird keine Verlagerung des Gewichts erforderlich.
Girls sollten auch Pirouetten auf halber Spitze üben, indem sie während der Drehung die Ferse so hoch wie möglich heben (Cecchetti: „... trois quarts"), doch Tänzer drehen auf einer sehr viel niedrigeren Demi pointe und brauchen darum diesen kleinen Sprung nicht, da das Gewicht auf dem Ballen anders verteilt ist.
4. Die Drehungs-Position muß so bald wie möglich erreicht werden. Wenn man zum Beispiel von der vierten Position en dehors aus dreht, muß das hintere Bein sofort in seine Position schnellen und darf nicht warten, bis der Körper eine halbe Drehung vollzogen hat, und sich dann faul dem Standbein gesellen... meist indem es das Schienbein kreuzt.
5. Der gestreckte arbeitende Fuß sollte vor dem Standbein, genau unterhalb des Knies, plaziert werden. Ein wenig tiefer bei Männern und ebenso auch bei der Tänzerin im Falle einer Pas-de-deux-Drehung.
6. Die Basis der Wirbelsäule muß gut nach unten gedrückt werden und fest über dem Standbein sitzen. Zwei Fehler kann man beobachten, die häufig zu verzeichnen sind: Ein schwächliches En dehors in der Leistengegend läßt die Hüften nach hinten rutschen; an den gehobenen Schultern erkennt man meist, daß das Gewicht nicht mehr über dem Standbein liegt. Das ist schlimm, denn es verhindert mit Sicherheit, daß man mehr als zwei Drehungen schaffen kann.
7. Die Schultern dürfen nicht nach hinten gezogen werden. Man sollte sie lieber von den Achselhöhlen her dehnen und so weit wie möglich von den Ohren wegziehen. Das längt die Muskeln über der Schulterpartie und befreit den Nacken von Spannungen.
8. Der Kopf darf sich niemals neigen, sondern muß, dirigiert durch die Augen, in der Horizontale bleiben (denn wenn er sich zur Seite neigt, ist eins der Augen weiter als das andere vom Boden entfernt). Die Augen fixieren einen Punkt nur so lange, wie es bequem ist, dann muß der Kopf, die Drehung des Körpers antizipierend, eine scharfe Wendung vollziehen, um die gleiche Stelle *wieder* zu fixieren; er verharrt fest in der Horizontale, während der Körper die Drehung vollendet.
9. Die Arme sollten während der ganzen Pirouette in der einmal eingenommenen Position bleiben. Wenn das die fünfte en avant ist, muß der Raum zwischen den Händen sich der Körpermitte gegenüber befinden und darf niemals zur Seite abgleiten. Die Höhe der Ellbogen und Hände ist ein strittiger Punkt, der Anlaß zu Diskussionen gibt. Ich glaube, hier sollte dem Schüler eine gewisse Freiheit gewährt werden, damit er die ihm natürliche Haltung in der Drehung findet. Zum Beispiel können die in die fünfte Position en bas gestreckten Arme sehr reizvoll wirken, doch die Starrheit der Position wird nicht viele Drehungen gestatten.
Eine Tänzerin, die eine unterstützte Pirouette dreht, muß sicher sein, daß ihre Ellbogen sich oberhalb der Hände ihres Partners befinden – der in der Taille ihre Drehung kontrolliert; die Handgelenke kreuzen sich gewöhnlich vor der Brust.
10. Während der Vorbereitung sollte dem vorderen Arm und der vorderen Schulter erlaubt werden, leicht die Körperachse zu überschneiden, was einen kräftigen Schwung erlaubt, der den nötigen Antrieb gibt und die eigentliche Drehung mit ganz geradem Becken auslöst. Der erste Arm darf nicht aus der zweiten Position herausgeschleudert werden, da das die Schulter nach vorn ziehen und das Gleichgewicht stören würde.

Diese Regeln hier wurden gegeben in Gedanken an eine Relevé pirouette en dehors, aber die wichtigsten Punkte gelten für alle Drehungen.
Selbstverständlich sind angeborene Gewandtheit und Furchtlosigkeit große Hilfen, bei dem „Kunststück" des Krei-

selns, doch Pirouetten *können* erlernt werden: durch Fleiß, durch exakte Einhaltung aller Regeln, durch unbedingte rhythmische Koordination und durch die richtige Stellung und den richtigen Gebrauch der Augen. Ich sage absichtlich „Augen" anstatt „Kopf", da detailliertere Erklärungen der Bewegungen, die am „spotting" beteiligt sind, oft Ungeschicklichkeit auslösen, man „weiß" zu genau, was der Kopf tun sollte. Solange den Augen Zeit bleibt, bei jeder Drehung nach vorn den gegebenen Punkt zu fixieren, ist es nicht nötig, den Kopf so rasch herumzuwerfen, daß die Balance der Schultern verlorengeht.

Übrigens wird man gleichzeitig zwei Spannungen im Körper spüren, die einander entgegenwirken. Mit anderen Worten: der „Geist" der Pirouette startet in den Füßen und zieht entschieden aufwärts zum Scheitel, wo der Körper schwer wird; diese Schwere muß von den Schultern aus durch den Körper wieder abwärts gedrängt werden und sich in dem Fuß konzentrieren, wo das ganze Gewicht fest und unweigerlich am Boden bleibt. Alle Drehungen bedürfen des Gewichts und der Breite. Man braucht nur einen Bleistift und eine Münze in Schwung zu versetzen, und man wird sehen, wer länger die Balance hält. Dieses Beispiel macht klar, daß der dünne Aufwärtszug nicht so sicher sein wird wie das solide, unerschütterliche Verharren auf dem Standfuß.

Schwer auszumachen ist ferner, wie sich Spannung und Entspannung entsprechen müssen. Die besten Drehungen sind bei aller Disziplin und Körperbeherrschung leicht und ungezwungen. Man braucht nicht sonderlich viel Kraft, um aufrecht zu stehen, noch muß ein gestrecktes Bein unbedingt angespannt und muskulös sein. Ein Tänzer, der gewohnt ist, mit gut gestreckten Knien und richtiger Kopf- und Rückenhaltung zu arbeiten, hat zum Kreiseln keine Extra-Anstrengung nötig. In Wahrheit sollten, im letzten Augenblick vor der Drehung, Körper und Arme völlig frei und entspannt sein, der Schwung der sich öffnenden Arme weit und locker und keineswegs von den Schultern her kontrolliert (nur daß diese ein Auseinanderwerfen der schwingenden Arme verhindern müssen). Genau an dieser Stelle hat die rhythmische Koordination ihren Platz. Nach der entspannten Vorbereitung ist es der „Kniff" des Relevé, der Tempo erzeugt, und das rasche, feste Hineinziehen der Arme und Beine in die Pirouette, im genau richtig abgepaßten Augenblick, macht die Drehungen weich.

Die Fähigkeit, eine Pirouette zu lehren und zu korrigieren, ist ein Talent für sich!! Es mag für den Erzieher von Vorteil sein, wenn er selbst kreiseln kann (und dieses ganz besondere ekstatische Gefühl kennt, noch „mehr Drehungen" als gewöhnlich geschafft zu haben). Aber dieses Talent geht nicht immer Hand in Hand mit der Gabe der Beobachtung und genügt allein nicht. Es kann sogar in psychologischer Hinsicht dem Schüler schaden, dessen einzige Reaktion auf seines Lehrers Vorführung so vieler Pirouetten nur Ärger und ein Gefühl der Hoffnungslosigkeit angesichts der eigenen Versuche ist. Darum glaube ich, daß man nicht allzu häufig Kreiselschritte demonstrieren sollte; lieber sollte man diese mit Liebe und Geduld und nicht allzu vielem Korrigieren dem Schüler abschmeicheln. Der Lehrer muß durch sein geschultes und kritisches Auge – manchmal auch durch eine Art sechsten Sinn – wissen, welche kleine Ungenauigkeit es gerade war, die die Drehung aus der Balance warf. Das muß kein sichtbarer Fehler sein, sondern eher eine Unstimmigkeit im Bewegungsablauf. Darum darf der Trainer nicht nur sehen, was der Schüler tut, sondern er muß innerlich wirklich mit ihm pirouettieren und am eigenen Leibe spüren, wo der Kummer liegt. Außerdem ist es für ihn wichtig, den Eleven psychologisch zu durchschauen. Manche Schüler bringen es, einfach weil man ihnen sagte, sie seien nun dazu fähig, auf drei Drehungen, anderen muß man das befehlen. Doch die

Mehrzahl verliert die Balance, wenn man von ihnen mehr Drehungen, als sie gewohnt waren, verlangt! (Ich spreche hier von Schülern beim Training und nicht von erfahrenen Tänzern, obwohl auch sie Zeiten kennen, in denen sich ihre Pirouetten plötzlich auflösen und das Gleichgewicht verloren ist. In jedem Fall muß das Vertrauen, wenn eine Drehung nicht gelingen will, erst zurückgewonnen werden. Man muß die Kreiselübung stoppen und das Gleichgewicht durch ein kleines Echappé sauté in der zweiten oder vierten Position wiederfinden und *sofort* über ein Relevé zur Pirouetten-Position übergehen und auf der halben Spitze die Balance, solange wie möglich, halten. Manchmal muß dieses Exercise mehrere Tage hintereinander geübt werden, ehe man sich wieder im Pirouettieren versucht.

Ich habe hier nur von der aufrechten Pirouette gesprochen, obwohl das bestimmt nicht die einzige Art des Kreiselns ist. Doch diese aufrechten Pirouetten sind die beste Vorbereitung für Kopf und Arme und gehören unbedingt zum Rüstzeug des modernen Tänzers, wenn er seiner Leistung Brillanz hinzuzufügen gedenkt. Hier gebe ich noch ein kurzes Enchaînement, das die Punkte, die ich in diesem Kapitel zu klären versuchte, illustriert.

Zu einem langsamen 4/4-Takt (es kann auch ein 3/4-Takt benutzt werden) und in diagonaler Richtung vorwärtsschreitend:
Stehe auf dem rechten Bein, das linke Bein degagé croisé derrière;
Coupé dessous,(und) mit einer viertel Drehung Chassé en quatrième ouverte en avant, rechter Arm cinquième en avant, (1)
eine Drehung en dedans in die erste Arabesque, (und)
Fondu, der Blick in diagonaler Richtung, bringe das linke Bein rasch à la seconde, zwei pirouettes relevé en dedans, der arbeitende Fuß genau unter dem Knie, (und) setze das linke Bein zu Boden, den rechten Fuß exakt sur le cou de pied, (3)
Pas de bourré dessous en tournant, mit kleinem Renversé und ende in der quatrième ouverte, (und er 4)
Wiederhole auf demselben Bein und mache das erste Coupé, en tournant.
Wird dieses Enchaînement gut durchgeführt, so wird deutlich, daß es eine markante und interessante rhythmische Phrasierung besitzt. Bei jeder Drehung des Körpers wird eine andere Beschleunigung und eine differierende Bewegungs-Qualität gefordert. Die erste Wendung in die Arabesque ist getragen und vergleichsweise langsam, ohne allzu scharfe Kopfbewegung; Oberkörper und Schultern befinden sich leicht vor dem tragenden Fuß. Die folgende doppelte oder dreifache Relevé pirouette en dedans sollte mindestens zweimal so schnell, sehr aufrecht und mit scharfen akzentuierten Spotting-Drehungen des Kopfes genommen werden. Auf das Tombé vor dem Pas de bourré en tournant sollte sich der Kopf deutlich über die Schulter neigen und eine Reversé-Bewegung – ähnlich der spanischer Tänzer, obwohl gemäßigter – vollziehen; und schließlich sollte das Coupé en tournant, bevor die Kombination wieder beginnt, so rapid getanzt werden, daß das Publikum unsicher ist, ob der Tänzer sich gedreht hat oder nicht.

Durch dieses einfache Beispiel von nur vier verschiedenen Tempi und Qualitäten wird bereits deutlich, daß der menschliche Körper je nach Stimmungen und Laune sich drehen und kreiseln kann, und wenn Tänzer und Choreographen einsehen, daß Pirouetten eigene Farbe und eigenen Ausdruck besitzen, werden diese, davon bin ich überzeugt, zum bezaubernden Schmuck des Tanzes werden.

Sur les pointes

Wenn die Taglioni zur Erde zurückkehrte und eine rasche Rundreise durch die Ballettschulen dieser Welt machte, würde sie sicher die Nachwirkungen ihres Schwebens auf der Spitze zugunsten der romantischen Illusion mit Erstaunen, vielleicht sogar mit Bedauern betrachten. Ist sie wirklich verantwortlich für das groteske Schauspiel, das Kinder bieten, die im Kulte von Terpsichore ihre Zehgelenke verrenken, oder wurde ihr Motiv, sich auf die Fußspitzen zu heben, derart mißdeutet, daß in der Folge kein Vergleich mit ihr mehr möglich ist? Wie die vielen romantischen Darstellungen anderer Tänzerinnen dieser Periode zeigen, war sie natürlich nicht allein, noch ist es wahrscheinlich, daß gerade sie als erste auf der Spitze tanzte, doch ihr Name ist nun einmal durch die vielen Akklamationen, die ihr dargebracht wurden, mit dieser Tanzform verbunden: „Sie flirrt wie Licht vor unsern Augen: wir erkennen nicht die Mittel und Wege, wie sie es zustande bringt, diese Erde zu verachten und ihre bezaubernden Bewegungen der Luft anzuvertrauen. Sie vollbringt, was nur Flügel vermögen, ohne durch sie gehindert zu sein." Auf jeden Fall entstand La Danse sur les pointes während der ersten Hälfte des 19. Jahrhunderts und ist seitdem zum festen Bestandteil geworden. Die Slippers von einst, durch mühsame Stichelei versteift und verstärkt, sind durch modernes Schuhwerk ersetzt, das neben dem traditionellen Satin aus verschiedenen, mit Leim gehärteten, Materialien besteht und den Fuß, ohne dessen Biegsamkeit zu behindern, kräftig stützt. Die moderne Tänzerin kann während eines Adagio oder einer Pirouette ziemlich lang auf der Spitze ausharren, was vor hundert Jahren nicht in Frage kam.
In immer neuen Anläufen haben große einsame Figuren, die neue Wege suchten, an dem „Establishment" gerüttelt, doch ihr Erfolg beschränkte sich darauf, daß ein frischer Luftzug durch das Treibhaus des Klassischen Balletts fuhr, doch des modernen Tänzers „Bête noir", die Institution des Spitzenschuhs, vermochten sie nicht zu zerstören. An ein paar Namen, die sich sofort einstellen, sei erinnert: die Duncan, St. Denis, Mary Wigman, Laban und Jooss. Sie alle gründeten Schulen des Freien Tanzes, die ihrem Wesen nach Manifestationen des Zeitgeistes waren; doch der Spitzentanz zeigte sich allen Strömungen überlegen und ist heute, nachdem er isoliert Jahrzehnte der Degeneration da und dort überstand, eine vielleicht weniger als früher mißbrauchte, dennoch aber wesentliche Kunstform des Klassischen Balletts, das durch sie entschieden bereichert wird.

Die ästhetischen Vorzüge sind unschwer zu erkennen: die verlängerte Beinlinie, die Illusion der Schwerelosigkeit, die Negation des „Fußes" mit der sich einstellenden Assoziation: „bleiern" oder „fest verwurzelt". Außerdem ist die praktische Seite nicht zu vergessen. Bei den Pirouetten bietet der Boden geringeren Widerstand, die Wadenmuskeln werden verfeinert, da das Körpergewicht direkt über den stützenden Zehen liegt, anstatt leicht dahinter, wie bei dem Demi pointe. Zum Schluß sei noch auf die unentbehrliche Kräftigung des Fußes hingewiesen, die durch das Stehen auf der Spitze erworben wird und bei anderen Pas eine äußerst wirksame Hilfe darstellt. Fast alle erfahrenen Girls bevorzugen beim Training, während der Probe oder bei der Aufführung die Arbeit auf der Spitze, denn wenn erst einmal diese Disziplin gemeistert und zur Gewohnheit wurde, ist sie sehr viel weniger ermüdend als das Demi pointe.
Viele Choreographen von heute benutzen diese Tanzform als „natürliche Gabe" der Tänzerinnen, mit denen sie arbeiten – und

mir scheint, so ist es richtig. Entsteht allerdings eine Diskrepanz zum Stil des Balletts, so sollte man den Spitzentanz eleminieren, doch ihn nicht verachten.

Das Tragen des Tutu im Klassischen Ballett wäre undenkbar ohne den aristokratischen „hochgezüchteten" Fuß der Ballerina sur les pointes. Ebenso können viele abstrakte und symphonische Ballette, wo eine nicht unterbrochene Linie wünschenswert ist, einen geradezu proletarischen Eindruck hinterlassen, wenn sie auf halber Spitze getanzt werden. Heute ist Spitzentanz keine „Weltanschauung" mehr, sondern von Fall zu Fall Sache des Kostüms, des Stils und der Forderung des Choreographen. Der Zeitpunkt, in dem ein Kind beginnen soll, auf der Spitze zu arbeiten, ist Quelle vieler Kontroversen. Man kann diese Frage nicht durch unabänderlich feste Regeln lösen. Zuviel hängt von der körperlichen Verfassung der Schülerin ab, vom Standard ihrer Technik, vom Grad ihres Fortschritts. Theoretisch hat ein Kind nach vier Jahren, das regelmäßig vom achten Lebensjahr an trainierte (mindestens drei Lektionen wöchentlich), die unentbehrlichen Muskeln entwickelt, um ohne Gefahr auf den Fußspitzen stehen zu können. Es ist aber ein Zeichen großer Torheit, wenn Kinder, deren Vorbereitung nicht dieses Ausmaß hat, schon unter vierzehn Jahren in Spitzenschuhen arbeiten dürfen. Oft sieht man kleine Mädchen von vielleicht sieben oder acht Jahren, deren Ehrgeiz oder der ihrer Mütter den Lehrer dahin brachte, „sie es doch mal versuchen zu lassen". Vielleicht schafften sie es sogar außergewöhnlich gut und brachten so die Zweifel zum Schweigen und überzeugten alle Welt, daß sie Baby-Ballerinen seien. Das Ende ist oft tragisch. Die weichen Knochen des Fußes verbiegen sich, da die Muskeln, die das Körpergewicht, das auf den Zehen lastet, tragen und diese schützen sollten, noch nicht entwickelt sind. Es kann, wenn die Kinder älter und schwerer werden, zu bösen Verbildungen kommen – an eine Tanzkarriere ist nicht mehr zu denken!

Wenn irgend möglich, müßten Kinder, die schon ernstlich als Professionals zu trainieren wünschen, mit größter Sorgfalt und besonderer Beachtung der Struktur ihrer Füße, überprüft werden. Wo viele Kinder ohne natürlichen Spann einen passablen und oft recht brauchbaren Fuß entwickeln *können,* zeigen andere Knochenbildungen, die niemals so zu verändern sind, daß sie dem Fuß erlauben, sich unter dem gestreckten Knie ausreichend zu wölben und darum alle Arbeit immer durch schlechte Linienführung verderben. Diese traurigen Fälle könnten vermieden werden, wenn die Eltern, vor Beginn der Ausbildung ihres Kindes, offen über das Risiko aufgeklärt würden. Ein tauglicher Fuß sollte, noch ehe er ein Training erfuhr, so geschmeidig sein, daß er folgenden einfachen Test besteht:
Das Kind sitzt auf dem Boden, die Beine gerade vor sich ausgestreckt, wobei die Kniekehlen, wenn es geht, den Boden berühren. Nun wird, bei ausgestrecktem Knie, der Fuß gebeugt; indem man das Gelenk des großen Zehs (nicht unbedingt die übrigen Zehen) zum Boden niederzwingt. Wenn der Fußballen einen Punkt zu erreichen vermag, der dem Boden näher ist als der Knöchel, besitzt der Fuß die nötige Flexibilität. Füße zeigen eine verwirrende Fülle an Typen und Strukturen, die alle untereinander variieren. Darum ist es unmöglich und außerdem unklug, allzu starre Regeln für das Training zu entwerfen. Jeder Fuß braucht individuelle Fürsorge. In diesem Punkte ist der Erzieher im Vorteil, der über große Erfahrung und womöglich über einige Jahre Tanzpraxis verfügt. Leider sind oft sehr schöne Füße äußerst schwächlich gebaut und erfordern besondere Aufmerksamkeit. Ein Anfänger, der ohne Training ein Battement tendu mit hochgewölbtem Fußrücken durchführt, wird höchstwahrscheinlich in spätestens sechs Monaten nach innen knicken, wenn man nicht den Fehler energisch im Keim erstickt und dem Fuß durch intensive Übungen, die ihn stärken, Kraft und Kontrolle verleiht. Umgekehrt verlangt ein

ungelenker Fuß sehr viel eher Übungen, die ihn geschmeidigen, als die stete Ermahnung, ihn zu strecken. Schüler mit kleinem Spann haben oft außerordentlich zähe Füße; sie können vergleichsweise leicht vom Demi pointe auf die volle Spitze hüpfen. Wenn aber die Biegung des Fußes nicht ausreicht, können die Zehen bei gestrecktem und geradem Bein keineswegs das Körpergewicht aufnehmen; die Schülerin muß entweder von der Spitze zurückfallen oder sich auf die schiere Kraft ihres Beines verlassen, was dicke und unschöne Waden erzeugt. Man sieht, zu welch verschiedenen Ansatzpunkten das Training schon bei diesen beiden, nicht ganz idealen Fußtypen gezwungen wird.

Es ist günstig, wenn die Zehen nicht zu lang sind und die ersten drei sich allmählich vom großen Zeh aus verkürzen. Ist der zweite Zeh länger als die große Zehe, knickt er oft, beim Stehen auf der Spitze, ein; Blasen am Gelenk sind die üble Folge. Sur les pointes dürfen sich die Zehen niemals einrollen, damit das Gewicht nicht auf die Gelenke drückt. Das ist außerordentlich gefährlich und geschieht manchmal, wenn die ersten Spitzenschuhe einer Schülerin zu groß sind, so daß sie den Fuß (und vor allem die Zehen) nicht fest zusammenhalten. Die Eltern müßten stets beim Kauf durch den Erzieher des Kindes über Größe und Machart der Schuhe beraten werden.

Bei einem normalen und gesunden Fuß bin ich eigentlich immer dafür, in weichen Spitzenschuhen zu arbeiten, so daß der Fuß sich daran gewöhnt, selbst das Körpergewicht zu tragen. Mit sehr harten Schuhen gerät man in Versuchung, sich allzusehr auf deren Stütze zu verlassen. Außerdem verhindert deren Härte alle geschmeidigen Bewegungen, ja erlaubt oft nur zwei Positionen: den Fuß flach auf dem Boden oder ganz auf der Spitze zu halten, ohne jede Beherrschung der Übergänge.
Dazu sind diese Schuhe laut, was sehr unangenehm ist und jede Illusion zerstört. Auf jeden Fall sollten Schuhe mit größter Sorgfalt nach Paßform und Tragbarkeit ausgewählt werden. Eines Tänzers Füße sind zu kostbar, um sie leiden zu lassen, oder sie – wie auch immer – in der irrigen Meinung, daß Blasen und Schmerzen Teil eines unumgehbaren Abhärtungsprozesses seien, zu mißbrauchen.

Anderseits braucht Spitzenarbeit, wenn man sie vernünftig in Angriff nimmt, keinerlei Schäden zu verursachen. Sie sollte sich eigentlich in aller Natürlichkeit aus dem Zustand des wohltrainierten Fußes entwickeln. Es ist nicht gescheit und gewiß nicht schön, wenn man den Tanz auf der Spitze wie einen leidvoll erduldeten Kraftakt durchsteht. Eine vorbereitete Schülerin wird, wie ich bereits sagte, die meisten Schritte leichter auf ganzer statt auf halber Spitze vollziehen. Und wenn sie sich daran gewöhnt, stets in Spitzenschuhen zu arbeiten, wird sie sogar feststellen, daß die striktere Disziplin, die ihr in den Knien, im Rücken, in der Hüftpartie abverlangt wird, Schlamperei und Nachlässigkeit verhindert. Weitaus die meisten Knie-, Fuß- und Knöchelverletzungen stoßen uns im unbewachten Augenblick zu.

Nun darf man aber nicht dem Irrtum verfallen, daß der Tanz auf der Spitze immer dem auf halber Spitze vorzuziehen sei. Die Tänzerin muß versuchen, beider Vorteile in der Arbeit zu vereinen. Ich bin der Überzeugung, daß die Weichheit nahezu unmerklicher Hebungen und Senkungen auf der Spitze nur durch außerordentlich kräftige Füße gemeistert werden können. Warum sollte dann nicht auch das erzieherische En dehors und die gestreckten Beine, die der Spitzentanz erfordert, der Arbeit auf der halben Spitze zugute kommen?
Im Relevé zeigt sich der Unterschied, der den gut vom unzureichend trainierten Tänzer trennt. Jeder Anfänger kann auf einem Fuß stehen und sich leicht zur halben Spitze heben, während der Ballen unverändert am Boden haftet. Jedoch auf der Spitze muß die Schülerin zuerst ins

Demi-plié, dann hat sie leicht zu springen und zugleich die Knie zu strecken, um diese, während sie die Zehenspitze ein wenig rückwärts zieht, unter das Körpergewicht zu bekommen. Das kann wie ein Ruck wirken. Hebt sie dann noch die Schulter und zeigt sich erleichtert oder verwundert, daß ihr das gelang, so rührt sie nur die Herzen vernarrter Ballett-Mütter.

Die richtige En-dehors-Position der Füße hängt völlig von der Auswärtsdrehung des Beins im Hüftgelenk ab. Das sieht man sofort, wenn die Fersen, während sich die Füße auf der Spitze échappé à la seconde halten, fälschlicherweise rückwärts gleiten. Damit die Schülerin die richtigen Muskeln, die sie braucht, bewußt erfaßt, sollte sie am Barren stehen, beide Hände leicht auf der Stange, die Füße eingedreht und parallel nebeneinander. Vollziehe ein kleines Demi-plié und Relevé auf beiden Füßen, die Knie gestreckt und vorwärts weisend. Nun drehe die Beine im Hüftgelenk, bis die straff gestreckten Knie zur Seite blicken, und stelle fest, wie die Muskeln an der Wirbelsäulenbasis sich zusammenziehen und die an der Innenseite der Oberschenkel vorwärts drücken. Halte diese Stellung zwei Takte und komme dann langsam über die halbe Spitze herab, während die Fersen nach vorn drücken und die Knie gestreckt bleiben. Nun viermal ein Relevé mit dem Fuß à la seconde, zwischen jedem ein gut ausgedrehtes Demi-plié.

Wenn die Schülerin es sich zur Gewohnheit macht, auf der Spitze, während des Demi-plié und nach dem Relevé, ein Maximum an Ausdrehung beizubehalten, wird sie merken, um wieviel stetiger ihre Balance und ihre Pirouetten werden.
Übe das folgende Enchaînement vor dem Spiegel: Beginne hinten im Raum, die Arme bleiben à la seconde.
Piqué en avant en arabesque (1) (Die tragende Ferse sollte gut zu sehen sein, dagegen das arbeitende Bein sich hinter dem Körper verbergen.)
Nun vollziehe ein solides Demi-plié auf dem Standbein, während das Spielbein sich fest en arabesque hält. (und)
In dieser Position zweimal ein Relevé, das letzte Mal heben sich die Arme zur cinquième en haut und halten die Balance (2 und 3 und 4).
Ein Fondu, das gehobene Bein senkt sich korrekt sur le cou de pied en arrière und vollzieht ein Petit battement, ehe das Exercise auf dem anderen Bein (und), die Arme en bas, wiederholt wird.

Es wäre ausgezeichnet, wenn man sich zur Regel machte, den Füßen en l'air besondere Aufmerksamkeit zu widmen, so daß schließlich der Fuß, kraft guter Gewohnheit, sich automatisch kräftig wölbt, sobald er sich vom Boden löst.
Es gibt tatsächlich keine bessere Vorbereitung als diese, da mit und durch sie der Fuß immer bereit ist, sich ohne sonderliche Anstrengung und Überlegung, auf die Spitze zu heben.

In diesen Tagen des vom athletischen Ideal geprägten Geschmacks wird natürlich viel gefordert. Doch mit Hilfe der modernen Ballettschuhe ist man schon in der Lage, eine beträchtliche Zeitspanne auf einer Spitze auszuharren, trotzdem möchte ich noch einmal betonen, wie wichtig es ist, nicht den Grund zu vergessen, der einst zum Tanz auf der Spitze führte; ich habe zu Beginn des Kapitels darauf hingewiesen: es galt die Illusion der Leichtigkeit, die der Überwindung der Schwerkraft für die Zuschauer zu schaffen.

Batterie

An den Fortschritten, die die Technik des Klassischen Balletts im Laufe der letzten hundert Jahre machte, hat die Petite batterie den geringsten Anteil. In einer Epoche, da sich Tänzerinnenbeine so gut unter ihren Hüllen verbargen, daß kaum deren Form zu ahnen war, kam der Fußarbeit höchste Bedeutung zu. Viel Zeit, viel Energie wurde aufgewandt, um diese zur höchsten Perfektion zu steigern. Durch die rigorose Korsettierung war die weibliche Figur tatsächlich verändert worden. Die Taille schien buchstäblich zu einem Nichts zusammengeschnürt, dafür Hüften und Busen aufgeschwellt, so daß die Ballerina des Neunzehnten Jahrhunderts um und um ein entschieden gerundetes Wesen war. Doch unter ihrem Ballettrock steckte wahrscheinlich ein Paar Beine, wie sie heute nicht mehr toleriert würden. Sie waren die Werkzeuge, denen der Tanz Leichtigkeit und Glanz verdankte. Sonst hätte man diesen Ballerinen einer versunknen Zeit nicht Hymnen gewidmet wie Théophile Gautier, der überschwenglich ihre Künste feierte: „Wie sie fliegt, wie sie aufwärts steigt, wie sie schwebt! Wie sie in den Lüften zuhause ist! Wenn die Spitze ihres kleinen weißen Fußes den Boden streift, weiß man nur zu gut, daß das aus reiner Güte geschieht, um die nicht zur Verzweiflung zu treiben, denen keine Flügel verliehen sind." Dem Anschein der Schwerelosigkeit, die des Fliegens zu wecken, war unerläßlich. Die Tänzer müssen über außerordentliche Kräfte verfügt haben. Wenn man die zeitgenössischen Drucke studiert, drängt sich der Schluß auf, daß zweifellos ohne Rücksicht auf den ästhetischen Effekt, Waden und Oberschenkel übermäßig zu diesem Zweck trainiert wurden.

Heute ist das anders, und obwohl moderne Tänzer jene Qualitäten bewundern, finden sich unter ihnen nur wenige, die der Aufführung Romantischer Ballette wirklich noch gewachsen wären. Vielleicht ist dem abstrakten Ballett, das in eng sitzenden Trikots getanzt wird, ein Teil der Schuld zuzuschreiben. Diese Ballette verlangen einen glatten Leib ohne Muskelpakete, ohne überflüssiges Fleisch. Dieser Körper muß jung, er muß vollkommen sein, in jeder Linie, in jeder Bewegung ein Instrument, nahezu geschlechtslos, ganz im Dienste des Choreographen, der Intention des jeweiligen Balletts hingegeben. Die Körper moderner Tänzer erwecken ein Entzücken, das eher geistiger Natur ist und fern jedem Sentiment. Sie gleichen strengen Ornamenten und sind keineswegs nackt im Sinne von Ausgezogensein, wie vielleicht immer noch die erwarten, die an der Vorstellung festhalten, Ballett sei eine verspielte Sache, ein Gehüpfe auf Zehenspitzen und ganz und gar in süßliches Rosa getaucht. Die Technik des modernen Balletts ist eine Respekt erheischende Kombination aus Kraft, akrobatischer Beweglichkeit und kühler Selbstbeherrschung. Die Pas auf der Spitze haben von stählerner Präzision zu sein und die Développés sehr hoch. Ist ein schwieriger Pas de deux einbezogen, fordern sie entschieden Schneid.

Diese Überlegungen scheinen überflüssig im Hinblick auf ein Kapitel, das der Petite batterie gewidmet ist – und im Hinblick auf das Romantische Ballett scheinen sie sogar recht weit hergeholt. Doch ich glaube, sie verdeutlichen die wachsenden Schwierigkeiten, denen sich heutzutage der Tanzschüler gegenüber sieht, und machen auch klar, wie schwierig es ist, Tänzer heranzuzüchten, die den Anforderungen jeden Stils gewachsen sind. Ich denke hier vor allem an Tänzerinnen, denn bei Männern ist die Petite batterie eine

nicht so ganz verlorene Kunst, obwohl für sie die mächtigen Beinmuskeln „passé" sind. Das Problem für uns ist, schnelle und exakteste Fußarbeit zu erlangen, ohne den schlanken, athletischen Gliederbau eines modernen Tänzers zu gefährden. Doch obwohl unsere Ideale von denen der Romantik abweichen, kann ein Überprüfen ihrer Methoden, kann ihr Streben nach Genauigkeit und Disziplin uns viel lehren. Immer noch stimmt es, daß die Art, wie die Ballerina höchst wählerisch den Fuß aufsetzt, verwöhnteste Eleganz suggeriert, und es stimmt, daß diese Sorgfalt im Detail keineswegs die Figur eines Tänzers verderben muß. Im Gegenteil, diese Sorgfalt verleiht jeder Bewegung aristokratische Leichtigkeit und verfeinert die Muskeln. Durch die Petite batterie, wenn sie genau und mit Maß praktiziert wird, gewinnen die Füße zusätzlich an Bewußtsein und Noblesse.
Die Petite batterie und der Grand saut sollten ebenso reinlich getrennt werden wie der Ballon und die Elevation, die verschiedene Qualitäten darstellen. Der Grand saut ist durch die Höhe des Sprungs bezeichnet, der die Schwerkraft zu leugnen scheint, während in der Petite batterie kleine Battus deutlich das Schließen akzentuieren. Die Sprünge, die den Boden wie eine kleine Trommel nutzen, sind gleichmäßig, aber nicht hoch.
Zur Kategorie der Petite batterie zählen alle Brisés, alle Jetés battus, die Assemblés, Royales, die Entrechats trois, quatre et cinq und die kleinen Cabrioles usw. Entrechat six de volée und die doppelten Cabrioles werden dagegen zu den Grands sauts gerechnet. Entrechat six gehört in Wirklichkeit zu beiden Gruppen, aber nur ein fortgeschrittener Schüler wird diesen Pas im Rhythmus der Petite batterie durchführen können.
Die Petite batterie sollte nur von Schülern in Angriff genommen werden, deren Füße stark und geschmeidig sind, die das En dehors der Knie sowohl in der Streckung als im Demi-plié beherrschen und deren Rücken- und Beinmuskeln Kraft genug besitzen, um eine Temps levé-Serie durchzuführen, ohne den Nacken zu verkrampfen oder im Plié einzusacken. Am besten startet man mit einem Echappé sauté à la seconde und schließt mit dem Battu. Wenn die Beine jedoch ohne Anstrengung vor dem Wechsel genau unterhalb der Wade zusammenschlagen, kann man von der fünften Position aus starten. Viele Tänzer fahren mit einem Changement battu fort, doch Anfänger geraten manchmal in die Gefahr, unmittelbar nach Verlassen des Bodens, die Beine krampfhaft zusammenzuziehen, darum ist mir als nächster Pas ein Entrechat quatre lieber, bei dem die Beine gezwungen sind, sich zu öffnen, um vor dem Battu zu wechseln. Wenn sich die Füße mit einem letzten kräftigen Stoß der Zehen vom Boden lösen, reicht die Öffnung der Beine bereits aus, um ohne weitere Spreizung zu wechseln und anzuschlagen. Im Augenblick des Battu sollten beide Beine gestreckt sein und außerdem entschieden en dehors, so daß die Bein-Innenseiten vom Oberschenkel bis zur Ferse völlig einander zugedreht sind. Der Lehrer muß die Beinstruktur anatomisch durchschauen, um seine Korrektur richtig anzusetzen. Für Tänzer mit durchgedrückten Knien bedeutet es eine ernsthafte Komplikation, wenn sie beim Kreuzen vor dem Schlag die Beine übertrieben strecken. Ihnen muß man raten, die Knie leicht zu beugen, allerdings auf keinen Fall zu entspannen. Schülern mit der Neigung zu leicht gekrümmten Beinen fällt gewöhnlich ein Battu leicht, nur müssen sie selbstverständlich ihre Beine mit aller Energie dem Boden entgegenstrecken, um eine Verkürzung des Umrisses durch das Hochziehen der Füße zu vermeiden.

Jede Batterie ist um so eindrucksvoller, je genauer und schneller sie vollzogen wird. Wichtig ist die Aktivität des ganzen Körpers. Er darf weder verkrampft noch völlig entspannt sein: dem Gefühl sollte sich das Vorhandensein einer zwar unsichtbaren, doch ungewöhnlich großen Kraftreserve mitteilen. Brillanz wird stets durch scheinbare Mühelosigkeit erreicht, die nur durch die richtige, rasche, saubere Fußarbeit möglich ist. Niemals sollte man aufs Geratewohl und noch dazu langsam springen, was einen flauen Eindruck hinterläßt und außerdem die Beine nicht zum Tempo zwingt.

In einem kleinen Brisé und dem Jeté battu ist es wichtig, das Schultergewicht nach vorn zu verlagern und danach zu trachten, mit den Füßen etwas vor der Körperlinie zu battieren (ausgenommen sind selbstverständlich die Pas en arrière). Weisen die Fersen in der Luft nachdrücklich gegeneinander, wird sich das als natürliche Folge ergeben. Niemals dürfte man bei diesem Pas hocken bleiben.

Ein Schüler, der das vorbereitende Bein zu einem Brisé dessus in allzu gerader Linie seitwärts schleift, wird feststellen, daß das Standbein sich rückwärts schiebt, um an jenes zu schlagen, was wiederum das Knie zwingt, nach vorn zu fallen und die Schultern rückwärts zu zucken, um das Gleichgewicht zu halten. Richtig wäre es, das erste Bein etwas vor der Linie des Standbeins zur Seite zu strecken, so daß die Ausdrehung im Becken genau kontrolliert werden kann. Desgleichen beschreibt das Spielbein im Brisé dessous ein ganz leichtes Rond de jambe en dehors, so daß beide Fersen während des Battu gegeneinandergepreßt werden und das erste Bein sich nicht senkt oder die Hüfte sich verschiebt.

Ein Fehler, den man sehr oft bei den Brisés beobachten kann, ist das allzu weite Strecken des Spielbeins vor dem Absprung vom Standbein. Das hat zur Folge, daß das erste Bein sich bereits senkt, ehe battiert werden konnte. Ich glaube, daß es immer ein Vorteil ist, Kindern beizubringen, beide Knie zugleich zu strecken, nachdem der erste Fuß aus der fünften Position, während des Plié-Stoßes nach unten, auswärtsgleiten durfte. Sonst nistet sich die schlimme Gewohnheit ein, den Pas in zwei Bewegungen zu zerlegen.

Ich beschreibe hier ein einfaches Exercise zum Erarbeiten des Brisé; beim Training ist der Mazurka-Rhythmus angebracht.
Lege beide Hände auf den Barren; stehe in der V. Position und gehe in ein Demi-plié, (und)
Nun führe sehr exakt ein Brisé dessus in Richtung des ersten Beines aus und vergewissere dich, daß die Füße miteinander die V. Position erreichen. (eins)
Strecke die Knie, während du mit aller Kraft die V. Position behauptest. (zwei, drei)
Wiederhole das Demi-plié, achte darauf, daß die Füße nicht in eine Drehung vor der Vorbereitung nach innen gleiten. (und)
Wiederhole das Enchaînement, indem du mit dem anderen Fuß beginnst. Kindern darf nicht erlaubt werden, sich während dieses Exercises zu fest an den Barren zu klammern. Immerhin sei gestattet, etwas Gewicht auf die Hände zu verlagern, damit das Brisé ordnungsgemäß durchgeführt werden kann. Die Methode, beide Hände auf der Stange zu plazieren, hat den Vorteil, den Körper gerade halten und dafür Sorge tragen zu können, daß sich die Hüften nicht verschieben. Was für das Brisé gilt, gilt ebenso für die Cabriole. Das Standbein muß sich heben, um das erste Bein zu schlagen, was an der gleichen Stelle wie in der Petite batterie stattfindet: an der Innenseite des Beins, zwischen Knöchel und Wade. Alle bereits beschriebenen Regeln gelten auch hier. Wieder muß man sich hüten, die Beine während des Schlags zu verkrampfen, da das die Durchführung einer doppelten Cabriole verhindert.
Im ganzen gilt, daß jedes Battu mit einem starken, schnellen, kraftgeladenen Abstoß vom Boden einsetzt und daß die Schläge im Zenit der Bewegung stattfinden. Es ist jedoch falsch, im Entrechat six und huit mit dem Beinwechsel bis zum höchsten Punkt des Sprungs zu warten, da das auf

dem Wege abwärts einen übereilten und verpfuschten Fußwechsel erzwingt und man sich beim unkorrekten Aufsetzen verletzen kann. Das Gegenteil sollte geübt werden. Man müßte während der Aufwärtsbewegung - allerdings so spät wie möglich - battieren, wobei auf das En dehors ganz besonders zu achten ist.

Man muß sich einprägen, daß das En dehors nirgends so wichtig ist wie bei der Petite batterie. Die Fersen können auf keinen Fall einander säuberlich kreuzen, wenn die Knie nach vorn weisen. Genau an dieser Stelle wird die Gefahr eines akrobatischen, erzwungenen En dehors sichtbar. Möglicherweise ist der Schüler imstande, lockere und wohlplazierte Grands battements, ja sogar Développés durchzuführen, doch er hat nicht die Kontrolle über die tatsächliche Drehung des Beins im Hüftgelenk, besonders nicht während der Bewegungen, die eine jähe Spannung der Muskeln an der Innenseite des Beins oder an der unteren Rückenpartie erfordern.
Das En dehors ist eine Bewegung, die der Tänzer vollzieht, nicht eine Sache, die er besitzt.

Ein ausgezeichnetes, und man darf sagen, bereits traditionelles Enchaînement zur Vervollkommnung dieses bezaubernden Pas ist ein Petit brisé en tournant, das wahrscheinlich von Bourneville stammt und zu uns über die Dänische Schule gelangte. Es wird zunächst ohne Drehung trainiert und dann mit einer kurzen Pause zwischen jedem Sprung. Später, wenn jedes Battu scharf und genau sitzt, muß das Tempo wachsen, und schließlich wird bei jedem Sprung eine Vierteldrehung vollzogen.

Stehe auf dem rechten Fuß en fondu, der linke Fuß sur le cou de pied devant und abgewinkelt.
Brisé en avant 1 - 1 (und 1) Jeté battu derrière (und 2).
Brisé en arrière 1 - 1 (und 3).
Jeté battu devant (und 4).
Während der Drehung (ich zähle die Ecken nach Cecchetti) beginnt der Pas in Ecke 3 und geht in der Diagonale zur Ecke 1. Der Körper blickt nach 1, und nach dem ersten Brisé nach 4. Bei dem nächsten Jeté sieht er nach 3, beim nächsten Brisé nach 2 und beim letzten Jeté schließlich nach 1. Der linke Arm kreuzt genau den Körper in der Cinquième en avant, und der Kopf ist bei den ersten beiden Schritten zur linken Schulter gedreht, beim dritten Schritt vollzieht er eine scharfe Wendung und dreht sich beim vierten Schritt zur rechten Schulter; der rechte Arm befindet sich nun in der Cinquième en avant, der linke à la seconde.

Die gründliche Vorbereitung der Füße und Knie ist das sicherste Mittel, die Batterie „in den Griff zu bekommen". Eine Fülle wohl kontrollierter Battements glissés am Barren, durchgeführt mit gut gespanntem Rist und akzentuiertem Schließen sind ausgezeichnete Übungen. Sie sollten zum täglichen Exercise gehören, da mit ihrer Hilfe die Achillessehne kräftig durchgearbeitet wird. Ebenso wichtig ist das korrekte „Aufwärmen" im Raum. Das heißt, der Tänzer sollte, ehe er sich den Allegro-Schritten der Petite batterie zuwendet, einfache Sprünge exerzieren: zum Beispiel von beiden Füßen abspringen und auf beiden Füßen landen. Niemals dürfen von ihm schnelle Sprünge erwartet werden, wenn sein Körper noch kalt oder die Barrenarbeit noch nicht vollendet ist. Obwohl es gewöhnlich der Typ des muskulösen Tänzers mit kurzen Sehnen und flachem Rist ist, dem von Anfang an das Battieren leicht fällt, sehe ich keinen Grund, warum durch geeignetes Training der größere und nicht so kompakt gebaute Tänzer nicht auch die nötige Kraft und Schnelligkeit gewinnen sollte, um diese brillante Technik ebenso zu beherrschen.

Elévation

Springen ist eine dem Menschen angeborene Fähigkeit. Für Kinder das sichere Ventil ihrer überschäumenden Lebenslust, im Volkstanz die selbstverständliche Äußerung rhythmischen Gefühls und im Alltag oft, in der „Schrecksekunde", eine unwillkürliche Regung der Selbsterhaltung.
In allen Stadien der Ausbildung sollte des Schülers natürlicher „Ballon", eine federnde Leichtigkeit, gehütet und trainiert werden. Immer wieder stellt man fest, daß Menschen, die über diese Gabe in hohem Maße verfügen, einen ausgeprägten Sinn für Rhythmus besitzen. Das ist der Schlüssel zu jedem ungezwungenen und leichten Sprung. Zur Hälfte - davon bin ich überzeugt - besteht die Kunst des Springens im rhythmischen Mitgehen, zu einem Viertel ist sie Technik und Kraft, der Rest Temperament und Freude.
Einen Sprung durchzuhalten, das gibt einen Vorgeschmack von Unsterblichkeit! Das heißt einen Augenblick lang alle Schwere leugnen. Auf der Höhe des Sprungs hält der Tänzer den Atem an, sein Körper ist aufgerichtet und gestrafft, nur durch den Willen, in der Höhe zu verharren, widersteht er dem Hinab.
Nenne man das, wie man will: Phantasie, Wollust, animalisches Glück - es ist Sache des Temperaments, das man besitzt und das niemand zu lehren vermag. Aber man kann den körperlichen Mechanismus, genauer die Muskeln, schulen und dem Tänzer zeigen, wie er seine Kräfte einteilen und nutzen muß. Jede Analyse scheitert nahezu an der Tatsache, daß ein Vorgang, der in einem anderen Medium existiert, zerlegt und durch Wort und Theorie übermittelt wird. Soll eine solche Analyse durchschaubar bleiben, beschränkt sie sich am besten auf die Technik, selbst wenn sie so nur einen Aspekt dieses Phänomens erfaßt. Vielleicht ist das aber hilfreicher als jede hochfliegende Theorie, denn der beste Sprung entsteht und wird, noch mit den Füßen auf dem Boden, geplant.

Während des Springens geraten viele Muskeln ins Spiel, die ihrem eigenen natürlichen Rhythmus folgen, der auf ein vorgegebenes musikalisches Tempo reagiert. Ein noch unverbildetes Kind, das man zu einer musikalische Begleitung springen läßt, wird unwillkürlich versuchen, höher zu hüpfen, wenn das Tempo sich verlangsamt. Es ist Pflicht des Unterrichts und der Technik, diese automatische Reaktion zu unterstützen und für ein tiefes, weiches Plié, für kräftige Füße und Beine und starke Rückenmuskeln Vorsorge zu treffen, aber es ist nicht ihre Pflicht, in die Koordination von Zug und Stoß, die sich in körperlichen Rhythmen vollzieht, einzugreifen. Es ist ein Zeichen falschen Trainings, wenn man erlebt, daß ein junger Tänzer am Boden klebt, weil seine Füße im En dehors überdreht (was die Knie schwächt) oder die Oberschenkel im Hüftgelenk allzusehr gelockert sind, was in der unteren Rückenpartie ein Nachlassen der Spannkraft bewirkt.

Wenn man die Qualität des naturgegebenen Ballons beobachtet, so wird man feststellen, daß sie auf der „Angemessenheit" aller Reaktionen beruht. Ein hoher Sprung fordert ein tieferes, der kleine Sprung das kurze, „trockene" Plié. Wie der Springer, der mit aller Kraft auf das Sprungbrett niederfedert, ehe er in die Höhe schnellt, muß auch der Tänzer den Boden benutzen, um zum Sprung anzusetzen. Ist der Kontakt mit diesem gelöst, hilft keine Anstrengung mehr; ihm bleibt nur noch der „Wille". Darum stoßen die Beine mit aller Energie nach unten, um den Körper

in die Luft zu schleudern; ist der Boden verlassen, zieht der Schwung des aufwärtsstrebenden Körpers die unteren Gliedmaßen nach. Man beobachte ein Tier, und man wird feststellen, daß die Anmut im Sprung sich im Lösen der anfänglichen Spannung entwickelt. Beim Abwärtsgleiten sollte man sich dem Boden entgegenstrecken und langsam, wie ein großer Vogel, mit Füßen, Knien, mit Becken, Rippen und Armen, niedersinken. Mir scheint, daß es nicht schadet, wenn man dem Körper gestattet, zwischen weiten Sprüngen ein wenig nachzugeben. (Nur die Schultern dürfen nicht nach vorn fallen.) Das entspricht dem Zurückschnellen einer gespannten Stahlfeder und verleiht den Sprüngen Dramatik und Stil. Legt man allerdings auf einen eleganten Ballon und den Eindruck völliger Schwerelosigkeit gesteigerten Wert, so muß sich im Plié der Oberkörper recken und alle Anstrengungen in den Schenkeln und der Rückgratbasis verborgen werden.

Doch es ist bedenklich, die Bedeutung dieses Plié zu übertreiben, denn wenn es niedriger und langsamer wird, als die Höhe des Sprungs verlangt, erzielt man den entgegengesetzten Effekt: die Muskeln werden schwer und verlieren an Elastizität. Dem Schüler sollte nicht erlaubt werden, nach einem Sprung, im Plié „hocken" zu bleiben, sondern er muß sofort die Knie strecken oder zum nächsten Sprung aufschnellen. (Für den fortgeschrittenen männlichen Schüler *kann* es aber vorteilhaft sein, im Plié zwischen kleinen Sprüngen innezuhalten, was die Beinmuskeln ungemein kräftigt.) Wenn die Haltung des Beckens nicht stimmte oder der Impetus des einen Fußes stärker als der des andern war, gerät manchen Tänzern der Winkel, in dem sie sich vom Boden abstoßen, nicht recht. Sie versuchen sich dann in der Luft mit Hilfe der Arme zu korrigieren und setzen schließlich verkrampft auf. Man sollte stets, ehe man springt, an die Richtung denken und sich die luftige Kurve klarmachen, die zu ziehen ist, oder, wie Johansson sagt: „Sieh mit den Füßen und nicht mit den Augen!" Um mit einer Sissonne en arrière gut fertig zu werden, stelle dir vor, daß der Boden dir entgegensteigt, und stoße dich rückwärts mit den Beinen von ihm ab. Selbstverständlich wirf nicht den Oberkörper nach hinten. Die Proportion der Gliedmaßen spielt selbstverständlich bei der Gewandtheit im Springen eine große Rolle. Man stellt oft fest, daß Jungen mit kurzem, gedrungenem Körperbau gegenüber dem langgliedrigen Typ im Vorteil sind. Doch es gibt vielerlei Ausnahmen, und bestimmt hängt im Grunde alles von der Entwicklung der richtigen Muskeln und deren Zusammenspiel ab.

Ein gewaltiger Springer - der Frosch - besitzt, wenn er sich ausstreckt, beachtliche Beine, die ihm den kräftigen Absprung ermöglichen. (Weiß man eigentlich, wie lang die Beine eines Flohs sind?) Immerhin ist es interessant, zu beachten, daß Bergvölker im Gegensatz zu den Bewohnern des Flachlands entschieden zur Kurzbeinigkeit neigen. Da der moderne Danseur noble (ich spreche nicht vom Charaktertänzer) immer mehr „in die Höhe schießt", kann ich Schülern, die diesen Typ verkörpern, nur empfehlen, nicht allzuviel Zeit auf die Entwicklung von Stil und lyrischem Ausdruck zu verwenden - die ihnen gewöhnlich zufallen - sondern sich auf die Pas zu konzentrieren, die Kraft und Bravour fordern.
Ein guter Springer zu sein, ist heute für den Tänzer wesentlich, denn jede Variation eines männlichen Solos bedeutet die Entfaltung von Energie und Technik. Es ist betrüblich, doch keine Überraschung, daß die armen, überanstrengten Knie und die Achillessehne Kummer machen und sich für Verletzungen recht anfällig zeigen. Zu verhüten sind diese Verletzungen, die sich der Tänzer meist beim Aufsprung zuzieht, nur durch ein gewissenhaftes, vorbereitendes Training und die genaue Kenntnis der Funktion des Knies im Demi-plié. Nur wer diese Position beherrscht, sollte wagen, die Höhe seines Sprunges zu verbessern.

Die Aktion der Füße und deren Bedeutung kann man sich an folgendem einfachen Beispiel klarmachen: Lege die Hand flach gegen die Wand. Dann stoße dich kraftvoll ab und beobachte, wie sich der Handballen gegen die Wand preßt und sich, während sich der Ellbogen strafft, mit einem letzten Ruck der Finger löst. So sollten die Füße arbeiten, nur daß hier die Rolle des Handballens die Ferse, die Rolle der Finger die Zehen und die des Ellbogens das Knie übernimmt.

Der Stoß von der Ferse aus wird oft durch ein kurzes Band am unteren Wadenbein, durch die Achillessehne, erschwert. Sie verwehrt dem Schüler, ein tiefes Plié ohne Fersenhebung zu vollziehen. Manchmal verführt sie ihn, beim Aufsprung die Muskeln am Rist zu spannen, was die Leistungsfähigkeit des Fußes mindert. Verkrampfungen und Muskelschmerzen am Schienbein sind die Folge, die einzig heilsame Kur besteht in der vorsichtigen und systematischen Längung der Achillessehne.

Um sich kräftig mit den Zehen abstoßen zu können, muß man über einen gut entwickelten und federnden Spann verfügen, der am ehesten durch ein langsames Battement erzielt wird. Der ganze Fuß muß kräftig nach unten stoßen und sich in der fünften Position entspannen. Während das Bein sich in die offene Position schiebt, halte die Ferse, so lang wie möglich, am Boden. Dann hebe sie energisch von der Demi pointe aus, ende mit ihr, so hoch du kannst und drücke den Rist durch. Niemals darf dieser nach vorn verschoben werden und der Fuß weder zur kleinen noch zur großen Zehe hin schwenken.

Wenn ein Anfänger beginnt, sich mit dem Assemblé vertraut zu machen, ist es unklug, ihm ein Assemblé nach dem andern aufzugeben. Besser ist es, einen Stopp einzulegen, um festzustellen, daß die fünfte Position in Ordnung ist und die Fersen am Boden haften. Setze mit einem Demi-plié in der fünften Position auf, strecke die Knie und lasse ein Plié als Vorbereitung zum nächsten Assemblé folgen. Ein Fehler, der Anfängern bei dem Assemblé oft unterläuft, ist das zu große Battement mit dem ersten und der zu kleine Sprung vom zweiten Fuß. Daran ist manchmal die Aufspaltung der Bewegung im zweiten Teile schuld, das heißt (1) Strecken, (2) Springen und Schließen der fünften Position. Das ist unkorrekt, da die Streckung Unterstützung und Teil des Sprunges sein sollte. Der Nachdruck müßte auf dem Schluß liegen (1). Ursache kann aber auch das mit gestrecktem Knie nach außen gleitende Spielbein sein, während das Standbein ein Fondu vollzieht. Das läßt den Sprung schief erscheinen und überanstrengt unnötigerweise das zweite Bein. Das Assemblé wird definiert als ein Sprung von einem auf zwei Beine. Darum ist, wenn der Pas von der fünften Position aus beginnt, das Demi-plié und das Auswärtsgleiten des arbeitenden Beins (die Ferse so lange wie möglich am Boden!) nur Vorbereitung; der Schritt selbst besteht aus einem kräftigen Stoß nach oben vom Standbein aus, der gewöhnlich mit dem Strecken des Spielbeins zusammenfällt und auf der Höhe des Sprungs die Beine vereint, um dann in die fünfte Position zurückzukehren. Das ist die alte Methode des Assemblé, wie sie vor allem die Italienische Schule praktizierte. Sie kräftigt die an der Innenseite des Beins liegenden Muskeln und präpariert sie für die Batterie. Der heute nicht seltene Spagat, bei dem die Beine auf der Höhe des Sprungs sich trennen, ist *nur* bei hoher Elévation reizvoll und sollte dem Assemblé porté vorbehalten bleiben.

Die Haltung der Arme im Zenit des Sprunges kann den Effekt steigern oder zerstören. Erste Regel ist, sie dürfen niemals hinter der Beinarbeit zurückbleiben, sondern sie müssen die Bewegung antizipieren und dem Tänzer helfen, dadurch, daß sie sich dem Absprung angleichen und ihr Ausbreiten wie ein tiefes Atemholen erscheinen lassen. Zweitens müssen sie

während der Klimax des Sprungs in ihrer Stellung verharren und erst *nach* dem Körper abwärts sinken. Das kann nur gelingen durch die Kraft der Schultern, des Rückens und der Muskeln etwas unterhalb der Achselpartie. Ich kann nicht genug betonen, wie wichtig es ist, gerade diesen Körperteilen gesteigerte Aufmerksamkeit zu schenken. Selbstverständlich kommt auch dem Atmen beim Springen eine fundamentale Bedeutung zu. Um das, was ich sagen will, zu illustrieren, schlage ich folgenden kleinen Test vor: Presse im Stehen die Ellbogen an den Brustkorb, atme kurz und flach, und du wirst feststellen, daß es physisch unmöglich ist, dabei weit zu springen. Darum laß, während du den Grand-sauté durchführst, Körper und Arme sich dehnen und mit Luft füllen, und vermeide um jeden Preis alle zusammenziehenden Bewegungen. Steife Arme, ein verspannter Nacken oder eine gestörte Rhythmik sind Folge falscher Atemtechnik.

Vielleicht hilft die Vorstellung, daß man eine dicke Wolkenschicht springend durchstößt, das Haupt in der Sonne badet und Zeit hat zum freien Umblick! Das läßt Höhe halten und sie genießen. Genau besehen, ist die Durchführung des Grand-sauté und anderer virtuoser Figuren nichts weiter als die nun mit Kraft gepaarten Schritte der elementaren Technik. Der künstlerische Reiz jedoch beruht weitgehend auf der Musikalität des Tänzers . und der Ausdrucksstärke, die er Armen, Gesicht und Kopf zu geben vermag.

Zweck und Ziel des jahrelangen Trainings sind verfehlt, wenn auf der Bühne noch die Technik spürbar ist, denn das innerste Wesen eines Sprungs ist Wohlgefühl und Leichtigkeit.

Ich möchte hier ein vergleichsweise einfaches Sauté-enchaînement, das sich für Schüler und Schülerinnen eignet, vorführen und dabei besondere Aufmerksamkeit den Körperrichtungen und den Armhaltungen widmen:

Bewege dich in der Diagonale. Starte von der V. Position en face, linker Fuß vorn. Linker Arm in der Cinquième en haut erhoben - rechter en in der II. Position - und der Kopf leicht vorwärts geneigt, unter dem linken Arm vorblickend.
2/3 Assemblé dessus, wechsle die Richtung, um das Croisé zu beenden, rechter Fuß vorn en demi-plié cinquième. Arme öffnen über die II. Position und enden en bas (und 1 2).
Sissonne ouverte zur ersten Arabesque auf dem rechten Fuß. Bewege dich in der Diagonale (2 2).
Temps levé auf dem rechten Fuß, öffne den rechten Arm zur II. Position (und) Chassé passé croisé mit dem linken. Linker Arm in der V. Position en avant, bringe den rechten Fuß sur le cou de pied derrière und nimm die V. Position ein. Assemblé en avant croisé, hebe den linken Arm zur V. Position en haut und sieh unter ihm hinweg (4 7). Diese Übung kann bei einem größeren Sprung und dem letzten Assemblé-porté im 3/4-Takt durchgeführt werden, die Beine in guter Hebung, zusammen und nach vorn.

Hinreißend sind die heiteren Sprünge, dramatisch solche, die Entschlußkraft zeigen, doch wie in allen Künsten - und der Tanz macht da keine Ausnahme - ist der Eindruck um so größer, je weniger die aufgewandte Mühe sichtbar wird. Ein weit ausgreifender, lang anhaltender Sprung muß wirklich die Schwerkraft leugnen: der Tänzer muß fliegen. Viele Menschen träumen, daß sie das könnten oder daß sie schwerelos im Raum schwebten. Manche Tänzer träumen auf ihre Weise weiter und finden sich, wie sie ohne Mühe ein Entrechat vingt-quatre oder fünf Tours en l'air exekutieren. Psychiater mögen das erklären, wie sie wollen, doch des Menschen natürliche Sehnsucht ist, der Schwerkraft zu trotzen. Das hat uns bis zum Mond gebracht. Die Anstrengungen der Tänzer sind in ihrem Lebenszusammenhang von gleicher Gültigkeit.

Pas de deux

Unter den vielerlei Figurationen, die innerhalb des Klassischen Balletts in den letzten zweihundert Jahren erdacht und entwickelt wurden, sollten wir uns, meiner Überzeugung nach, dem Pas de deux mit dem höchsten Respekt nähern. Viele Choreographen vermochten Zartestes auszudrücken, wenn sie sich mit dieser Form beschäftigten. Der Pas de deux ist zweifellos die Manifestation des Tanzes, mit der sich diese Kunst am weitesten von ihren primitiven Ausgangspunkt entfernt. Dennoch führt er in gerader Linie zu den Ursprüngen zurück. Der Tanz von Mann und Frau kann - und er tut das oft - die Mysterien des Daseins im Symbol fassen: Liebe und Zeugung; ähnlich den Hochzeitsriten früher Völker, ähnlich den Paarungstänzen der Vögel und Insekten. Dem Pas de deux mangelt es wahrhaft nicht an Rechtfertigung.

Der Solo-Tänzer vermag sich - so scheint es wenigstens - mit Hilfe der Selbstdarstellung einzukapseln; er schafft sich ein eigenes Bezugssystem der Dinge und Mächte. Läßt er darum manchmal wahre Größe vermissen? Diese Künstler können Exstasen der Freude und des Leides, Exstasen des Schmerzes und den Überschwang der Unschuld darstellen, doch der geheimnisvolle Bereich menschlicher Kommunion öffnet sich ihnen nicht. Sie kennen wohl die Kommunikation mit ihrer Muse, doch das bleibt eine auf ihr Ich bezogene, innere Erfahrung; sie kennen auch die Kommunikation mit ihrem Publikum, nach dem jeder Künstler verlangt. Auch ihre Beziehung zur Musik darf nicht übersehen werden, doch auch sie ist personaler und eher interpretierender als schöpferische Natur.
Vorhandene Emotionen eines Zuschauerkreises wird schon die einzelne Figur auf der leeren Bühne wecken und steigern. Alle werden sich mit ihr identifizieren, je nach der Illusion, die Licht und Musik schaffen und die die Position des Tänzers im Bühnenraum bestätigt. Doch gesellt sich ihm eine zweite Figur, wird sofort Spannung wach, die Empfindungen dramatisieren sich. Nun ist es möglich zu sagen: „Alles kann geschehen!" Gewiß ein fruchtbarer Boden für den Choreographen! Selbst die flüchtige Durchsicht der berühmtesten Ballette hinterläßt keinen Zweifel, an welcher Stelle ihr dramatischer Höhepunkt zu suchen und wo am ehesten der Funken inspirierter Choreographie zu finden ist. Selbstverständlich im Pas de deux.
Der formale Aufbau eines klassischen Pas de deux umschließt das Entré, den Pas de deux, das Solo des Tänzers, das der Tänzerin und die Coda.

Diese Form, vielleicht am reinsten durch die Petipa-Ballette illustriert, wird noch heute vom Choreographen eingesetzt, und zwar sowohl in den neoklassizistischen einaktigen Arbeiten wie auch als festliche Steigerung für Held und Heldin in den dreiaktigen Tanzerzählungen, die der ursprünglichen Intention, wie sie das neunzehnte Jahrhundert wollte, entsprechen. In diesen großen spektakulären Inszenierungen, von denen viele noch weiterleben, wurde häufig der Pas de deux zur Interpolation eines zweiten Solisten benutzt, eines Einschubs, der nur locker der Haupthandlung verbunden war. Beide Formen, dieses Divertissement und der Grand pas de deux, sind jetzt öfter, herausgerissen aus ihrem eigentlichen Zusammenhang, zu sehen: in Szene gesetzt als Feuerwerk bravourösen Könnens. Der kleinste Anlaß genügt: ein Galaabend, eine Matinée zu karitativen Zwecken oder eine Aufführung vor

illustren Gästen. Mir scheint das eine bedauernswerte Gepflogenheit, denn der ursprüngliche Sinn dieser Tänze ist verloren, nur die Tricks sind geblieben.

Ich bin überzeugt, daß fast jeder Grand pas de deux classique größeren Zauber ausstrahlt und besser gewürdigt werden kann, wenn ihm sein Hintergrund bleibt. Glücklicherweise hat sich die Kenntnis solcher Hintergründe, also die Kenntnis des Gesamtwerkes, noch in den etablierten Compagnien erhalten. Dank der ungewöhnlichen Popularität dieser Ballette und trotz - oder vielleicht wegen - ihres musealen Charakters scheint es auch vorläufig unmöglich, sie in absehbarer Zeit in die Rumpelkammer verbannen zu können. Da diese Ballette fest in der traditionellen Disziplin wurzeln, ist ihnen die Kraft eigen, Tänzer in hochqualifizierte Solisten umzuschmelzen, und zwar nur weil der Pas de deux meist unangetastet bleibt, während das übrige Werk, um es vom Staub zu befreien, bei einer neuen Inszenierung durch neue Besetzungen, neue Deutungen oder sogar durch eine neue Choreographie aufgefrischt wird.

Im zeitgenössischen Ballett hat sich oft, wenn auch meist nur in skelettierter Form der Pas de deux erhalten. Für das ungeschulte Auge ist das ererbte Muster kaum wahrnehmbar, da ähnlich den andern Künsten auch das Ballett in der Abstraktion die Wahrheit sucht und diese in der Sprache des Unterbewußten weitergibt. Trotzdem sind sie alle Erben der Tradition, so sehr sie diese auch ablehnen mögen. Voltaire sagte, der Tanz sei Kunst, denn er unterläge Regeln. Mich dünkt, daß man die Wahrheit dieses Wortes womöglich gerade an einigen der modernsten und scheinbar so chaotischen Ballette unserer Tage bestätigt sehen kann, denn wenn eine Struktur, und sei sie noch so schwer zu entdecken, vorhanden ist, erhebt sich das Werk, inmitten des gegenwärtigen Rummels der „Non-Ballets" und Tanz-Happenings, aus seinem Wurzelgrund und verdient Nachdenklichkeit; es ist wert der Analyse, ja vielleicht sogar der Bewunderung. In vielen echten Balletten behauptet der Pas de deux weiter den obersten Rang. Er scheint „auf Felsen gegründet" und ist doch so geeignet, Unsagbares zu entschleiern. Diese Form bietet dem Choreographen inspiratorische Möglichkeiten, die anders nicht zu verwirklichen wären - und immer neue Wunder gewinnen Existenz.

Das weite Feld der erfinderischen Phantasie kann und soll nicht in einem Buch beschrieben werden, das der praktischen Seite des Balletts gewidmet ist. Sein Rahmen ist zu eng. Doch mir sei erlaubt, als eine Geste der Verehrung, John Cranko, dem Schöpfer so vieler Pas de deux, die zu den tiefsten und schönsten des heutigen Balletts gehören, ein paar Gedanken vorzutragen, die sich mit der technischen Seite dieser Tanzform auseinandersetzen. Das mag prosaisch klingen, aber dennoch ist Technik ein integraler Teil des Pas de deux und unentbehrlich, wenn auch diese Form der tänzerischen Kunst weiter gedeihen soll.
Unerläßlich ist vor allem Achtung und Eintracht zwischen den Tänzern. Das kann nicht früh genug geübt werden. Von der ersten Trainingsstunde an müssen die Mädchen einsehen, daß sie noch keineswegs Ballerinen sind, sondern weithin abhängig von ihren Partnern. Umgekehrt dürften sich die jungen Tänzer nicht zu Hebe-Maschinen, die halb im Schatten stehen, degradieren lassen. Sie sollten sich als Ritter fühlen: besitzergreifend und verehrend. Es wäre gut, wenn die Tänzerin im Nacken eine Sensibilität entwickelte und sich stets der Beziehung zu ihrem Partner in einer zärtlichen Bewußtheit sicher wäre. Kein Blick in dessen Richtung ist nötig; es genügt der Gedanke an ihn und ein Neigen des Hauptes, um der reinen Linie und der wahren Qualität des Pas de deux zuzustreben. Für beide Tänzer ist diese Übereinstimmung wesentlich, die sich am

wirkungsvollsten erweist, wenn sie aus dem Instinkt und dem Unbewußten steigt. Die Tänzer brauchen ihre Zusammenarbeit nicht im einzelnen zu entwerfen, sondern das Spiel der Linien entwickelt sich frei aus ihren Empfindungen und dem gemeinsamen Rhythmus.

Rohe Kraft ist weder nötig noch attraktiv. Nahezu alle Hebungen resultieren für beide Tänzer aus einer Koordination von Kraft und Rhythmisierung ihrer Bewegungen. Der Mann muß sich ständig klar sein, wie des Mädchens Gewicht gelagert ist. Meist ist die entscheidende Stelle der untere Teil der Wirbelsäule. Die Balance ruht, wenn man auf einem Bein steht, nicht direkt über der tragenden Fußspitze. Die Tänzerin muß unter allen Umständen „aus einem Stück" sein und bleiben, da so ihr Partner besser beurteilen kann, wann und wo ihr Gewicht aus dem Zentrum abgleiten und nach welcher Seite sie fallen könnte. Schülerinnen, deren Technik nicht ausreicht oder die dazu neigen, mit der Taille oder mit dem Becken nachzugeben, dürften, ehe der Fehler nicht behoben ist, mit dem Training des Pas de deux nicht beginnen. In den kleineren Schulen des Westens sind männliche Schüler so häufig in der Minderheit, daß sie manchmal zu früh in die Pas de deux-Kurse gedrängt werden. Die Folgen dieser Ungeduld und Kurzsichtigkeit zeigen sich oft erst Jahre später, wenn sich herausstellt, daß ein Tänzer ein dreiaktiges Ballett mit schwieriger Partnerarbeit um einer älteren, oft unbemerkten Verletzung willen nicht durchhalten kann. Gewöhnlich handelt es sich um eine Beschädigung der Wirbelsäule, die er als Junge davongetragen hat.

In der ersten Trainingsstunde frage man den jungen Tänzer, um wieviel größer seiner Meinung nach die ihm zugeteilte Partnerin wohl auf der Fußspitze sein werde. Danach runde er die Hände um eine imaginäre Taille, und das Mädchen trete auf der Spitze in diesen Kreis, um festzustellen, ob seine Schätzung zutrifft. Nun führe sie einige Relevés in der ersten Position durch; der Tänzer lernt dabei das Maß der Anpassung, die er zu leisten hat, damit seine Hände weiter sowohl im Demiplié als auch Sur les pointes ihre Taille umschließen. Es folgt von ihrer Seite ein Relevé devant; sie bildet von der Zehe bis zum Scheitel eine einzige, völlig beherrschte Linie, während er sie mit den Händen entweder von der Hüfte oder vom Brustkorb aus von einer Seite zur andern und von vorn nach hinten stößt. Das ist für Anfänger eine gute Vorbereitung. Der Tanzeleve lernt, wieviel Kraft einzusetzen ist, um zum Beispiel seine Partnerin nach einer mangelhaften Pirouette wieder in die Lotrechte zurückzuholen. Das Girl wiederum faßt Vertrauen in den Beistand, den sie erfahren wird, und lernt vermeiden, selbst ihr Gewicht durch Wackelei zu adjustieren.

Zur nächsten Gleichgewichtsübung muß die Partnerin durch eigenes Training gut vorbereitet werden. Stehe mit einer Hand an der Stange en cinquième sur les pointes, mache ein hohes Développé devant, halte das Bein in gehobener Lage und bringe beide Arme in einer kurzen Balance zur cinquième en haut. Wiederhole das Développé in allen Positionen en croix. Es ist wichtig, daß das Becken richtig plaziert bleibt und vom Standbein aus gut aufwärtsgezogen wird. Erst wenn ausreichend Kraft und Kontrolle erworben ist, sollte diese Übung mit einem Partner praktiziert werden, der entweder das Mädchen an der Hand oder in der Taille hält.

Der korrekte Abstand zwischen den Partnern variiert mit den Schritten und der Größe der Tänzer. Die Distanz von einer Armlänge erweist sich gewöhnlich als zu weit. Die Ellbogen sollten stets etwas Spielraum haben, damit die Hände, je nach Notwendigkeit, ein und aus gleiten können. Ist das Girl im Vergleich zu ihrem Partner groß, muß der Mann manchmal, wenn er hinter ihr steht, sie an den Handgelenken ergreifen. Eine gute Tänzerin ist natürlich in der Lage, mit dem vorbereitenden Piqué oder Relevé selbst die Balance herzustellen, doch sollte sie in der Folge das Gleichgewicht verlieren, darf sie niemals versuchen, dieses durch eigene Bemühung wiederzugewinnen. (Wenn sie sich nach vorn beugt, um das Gewicht in dieser Richtung zu verlagern, hat das selbstverständlich den entgegengesetzten Effekt: den Hüften, anders ausgedrückt dem Gewicht, wird möglich, nach hinten zu fallen.) Für den Tänzer ist es meist einfacher, seine Partnerin zu sich heranzuziehen, als sie von sich fortzustoßen. Darum ist es zum Beispiel weniger verhängnisvoll, bei einer unterstützten Pirouette das Gewicht nach vorn zu legen, als rückwärts zu fallen. Der männliche Tänzer sollte stets, während er dem Girl seine Unterstützung leiht und sich vergewissert, daß ihre Lage bequem ist, entspannt und gelassen bleiben und zusehen, daß sie sich, so weit als möglich, aus eigener Kraft hält, um eine Anstrengung, die ihn unnötigerweise ermüdet, zu vermeiden. Er steht auf beiden Füßen, doch der Eindruck allzu sturer Standfestigkeit, die diese Haltung hervorruft, ist mit Hilfe des einen Beins abzuschwächen, das locker erscheinen muß, denn es ist keineswegs elegant, wenn beide Füße unnachgiebig à la seconde am Boden verankert sind.

Zu den Präliminarien, die oft vergessen werden, gehört auch das Gehen - und für den Tänzer die Aufgabe, seine Ballerina dem Publikum zu präsentieren. In der Art, wie der Eintritt vor dem Pas de deux und danach der Abgang zu vollziehen ist, besteht ein feiner Unterschied. Man kann leicht behaupten, daß bei „guten Manieren" das alles korrekt und natürlich geriete, doch es ist eine Tatsache, daß das Gehen – und besonders das Entgegennehmen des Applauses - echte Schauspielkunst ist, die Übung, Erfahrung und vor allem Beobachtungsgabe verlangt.
Für die „Lifts" müssen die Männer sich durch gesonderte Übungen, die Arme, Schultern und Rückgrat stärken, vorbereiten. Ausgezeichnet ist, wenn ein Boy sich mit beiden Händen, bei völlig ausgestrecktem Körper, an eine Stange hängt. Es folgen, ohne Unterbrechung, so viel Armbeugungen, wie ihm möglich sind, und zwar so, daß er stets das Kinn in Stangenhöhe bringt.

Heutzutage ist es schwierig, zu verhindern, daß die Schulterpartie der Männer nicht allzu muskulös wird. Der moderne Pas de deux ist derart kompliziert geworden und die Hebungen um soviel anstrengender und bedrohlicher, daß körperlich kräftige Tänzer ernstlich in die Gefahr geraten, für Lifts in einem Ausmaß beansprucht zu werden, daß ihre Nackenmuskeln sich vergröbern und versteifen, was die Beschwingtheit ihrer Leistung in Solo-Partien beeinträchtigt. Werden die Warnsignale rechtzeitig erkannt und Gegenmaßnahmen ergriffen, so besteht durchaus die Möglichkeit, daß dem Tänzer Stärke *und* Geschmeidigkeit bleiben, für einen ersten Solisten unabdingbare Eigenschaften. John Cranko brilliert in der Erfindung und auch der Durchsetzung von Hebungen, die man gerechterweise als unmöglich bezeichnen sollte. Obwohl die Anstrengung, die derartige Meisterleistungen verlangen, sich durch Koordination und den richtigen Gebrauch der Wirbelsäule und des Pliés auf die Tänzerin und ihren Partner verteilt, halte ich es doch für nützlich beim täglichen Training der Stuttgarter Compagnie, den Tänzern Geschmeidigkeitsübungen zu geben, um der Neigung zu allzu kompakten Schultern entgegenzuwirken. Es nutzt nichts, einen Schüler mit hohen und verkrampften Schultern ständig zu mahnen, diese herabzuziehen. Das bringt Muskeln ins Spiel, die nur Starrheit erzeugen. Viel besser ist, die Spannung zu lösen und zu lockern, so daß die Schultern von „den Ohren fallen".
Beim Heben sollte der Tänzer sich bemühen, des Gewichts seiner Partnerin in dem Augenblick Herr zu werden, in dem

sie das vorbereitende Plié vollzieht. Seine Oberschenkel übernehmen dieses Gewicht, wenn er die Knie streckt und zugleich das Mädchen hebt. Ohne dieses gute Plié ist der Mann gezwungen, sich nach vorn zu beugen, um die Tänzerin in der Taille zu fassen. Stemmt er nun ihr Gewicht, so verkrampfen sich die Rückenmuskeln, und die Wirbelsäule nimmt Schaden.

Der Tänzer wird es bei den meisten Hebungen als Erleichterung empfinden, sich unter das Gewicht des Mädchens schieben zu können. Zu diesem Zweck muß er sich manchmal etwas vorwärts bewegen, während seine Partnerin in der Luft schwebt. Sie nach hinten zu ziehen, würde ihre Mitte „brechen" und die Beine vorwärts gleiten lassen. Beim einleitenden Plié, ehe sie springt, sollte das Girl sorgsam darauf achten, nicht sitzen zu bleiben oder die Schultern nach vorn zu senken. Beides hindert ihren Partner, dicht genug an sie heranzutreten und seine Kraft mit ihrem Absprung zu vereinen, wodurch oft das Aufrecken des Girls ruckartig-unharmonisch wirkt.

Im Anfang, wenn sie lernen, eine Partnerin zu heben, realisieren viele Männer nicht, daß nichts schwieriger und wichtiger ist als die Art, wie sie die Tänzerin nach der Hebung wieder zu Boden bringen. Der Mann setzt alle Kraft ein, um sein Mädchen in die Höhe zu stemmen und sie dort so lange wie möglich zu halten. Schließlich ist er zu erschöpft, um ihr Herabgleiten noch leiten zu können. Und doch ist es gerade dieses sanfte Abwärtsgleiten und das lautlose Aufsetzen der Ballerina auf den Boden, die die Illusion der Schwerelosigkeit erzeugen. Beiden Tänzern wird dabei höchste Kraftentfaltung abverlangt. Für die Tänzerin ist es eine Qual, zu lange in der Höhe festgehalten zu werden; außerdem zieht es verschiedene Fehler nach sich. Erstens, wenn der Standfuß der Tänzerin nicht vor dem rhythmischen Schlag, der die Sprünge teilt, den Boden erreicht, bleibt ihr keine Zeit zum Plié; die Hebungen verlieren Rhythmus und Koordination. Zweitens besitzen viele Lifts, wie zum Beispiel der einfache Grand jeté en avant, eine entschieden parabolische Form. Wird diese Form unterbrochen, weil der Tänzer seine Partnerin zu lange in einer Position festhält, wird das Girl aus der Kurve, die sie in der Luft ziehen soll, geraten und anfangen „zu hängen". Dieses Hängen kann sie (jedoch nicht unbegrenzt lange) mildern, wenn sie Bauch- und Rückenmuskeln korrekt gespannt einsetzt. Doch häufiger liegt der Irrtum beim Mann. Natürlich ist es für ihn einfacher, das Mädchen mit beiden ausgestreckten Armen zu stützen, doch die Verzögerung des anstrengenden Abstiegs ist ein Zeichen von Schwäche.

Um diese trügerische Qualität, dieses scheinbare Leichtsein, zu vervollkommnen, sollten vom ersten Pas de deux-Kurs an regelmäßig Enchaînements aufgegeben werden, die langsam und sicher die nötige Kraftreserve aufbauen und leicht zu verstehen sind.

Eine Schrittfolge mit Glissadens, Jetés, Assembléens und Changements oder auch mit den schwierigen Schritten der Petits sautes, die sich aber nur als Exercise für den einzelnen Tänzer eignen, sollte zusammengestellt werden. Diese Übungen müßten die Girls exerzieren und dabei die eigene Elevation und Kraft nutzen. Anschließend wäre die gleiche Sequenz, nur um ein wenig langsamer, mit Schülern, die die Schülerinnen in der Taille unterstützen, zu erarbeiten. Dabei sollte man sich vergewissern, daß der Rhythmus nicht durch ein zu langes Verweilen in der Luft gestört wird. Im Laufe einiger Monate wäre das Tempo immer mehr zu reduzieren, bis die Kraft beider Tänzer ausreicht, um das Enchaînement ohne Zeichen der Anstrengung trotz langsamer Bewegungen zu tanzen.
Im allgemeinen gilt, daß die Vereinigung der Kräfte beider Tänzer die besten Resultate zeitigt. Darum kann ich nur

jedem einzelnen empfehlen, sich Sicherheit darüber zu verschaffen, daß auch der andere mit ihm zu tanzen wünscht. Es ist lästig, wenn ein Tänzer sich über die Arbeit des anderen beklagt. Wie oft hört man Mädchen kommandieren: „Zieh mich hier" und „Heb mich da", bis der Partner auf die Rolle eines Bulldozers oder eines Krans reduziert ist. Für alle Tänzer müßte es eine Frage des persönlichen Stolzes sein, als Partner willkommen zu sein.
Da schließlich der Pas de deux ein Tanz und nicht nur ein gestütztes Adagio ist, halte ich es für wichtig, daß die Schüler sich von Anfang an in weit ausholenden Bewegungen, die das ganze Studio umfassen, üben. Im ersten Jahr ist es überflüssig, die konventionellen Pas de deux aus bekannten Balletten zu lehren (ganz abgesehen von der Qual, die dieses Schauspiel dem verursacht, der das Pech hat, zuzusehen). Um aber das Training, das in der Hauptsache Tänzer und Tänzerin, während sie die Drehung in der Senkrechten üben, an einer Stelle festhält, nicht allzu einförmig werden zu lassen, empfiehlt es sich, dazwischen Schüler und Schülerinnen paarweise im schnellen Walzer- und Mazurkaschritt den Raum umkreisen zu lassen. Ausgezeichnet ist es auch, den Walzer auf der Diagonalen, Eleve hinter Elevin, mit einer halben Drehung auf jeden zweiten Takt tanzen zu lassen. Dabei zeigt sich sehr rasch, wie stark das rhythmische Gefühl eines Tänzers und seine Fähigkeit, sich den Bewegungen eines andern anzupassen, entwickelt sind.

Wenn Instinkt die Bewegungen eines Tänzers lenkt, ist das eine große Gabe und vielleicht unerläßlich beim Aufstieg zu wahrem Erfolg. Doch ich wäre glücklich, meine Leser verstünden, welche nicht abzuschätzende Überlegenheit die Künstler besitzen, die fähig sind, ungehindert durch Anbetung oder professionellen Neid, mit klarem Blick auch andere zu beobachten. Ein junger Tänzer kann sich glücklich preisen, wenn er seine Corps de ballet-Jahre in einer Compagnie beginnt, wo glänzende und prominente Kollegen Tag um Tag bei der Arbeit sein Vorbild sind. Ich sage mit Absicht „Tag um Tag", da die gelegentliche Vorstellung eines berühmten Gastes kein Ersatz ist für das, was man bei regelmäßiger Beobachtung von dem erfährt, wieviel Größe kostet. In keinem anderen Beruf hängt der Erfolg weniger vom Glück ab und basiert so unabdingbar auf harter Arbeit, der sich Talent gesellt, wie im Ballett. Wenn junge Tänzer immer wieder erleben, wie große Pas de deux entstehen, wie sie geprobt und wie sie aufgeführt werden, ist das wohl die beste Vorbereitung auf den Tag, an dem sie die Protagonisten dieses hinreißenden Happenings sein werden. Inzwischen aber geht die Kleinarbeit weiter, und ich schlage hier drei Übungen vor, die dem Schüler, der das Pas de deux-Training beginnt, zur Vorbereitung dienen mögen.

Der Schüler steht direkt hinter der Schülerin, die Hände auf ihren Hüften. Die Schülerin macht vier Echappés (3/4-Takt); ein Echappé zu jedem Takt. Mittlerweile versucht der Schüler, genau abzuschätzen, um wieviel höher ihre Taille liegt, wenn sie sur les pointes und um wieviel tiefer, wenn sie en fondu ist.
Das Girl führt ein Relevé devant durch, das sie vier Takte aushält, auf den letzten Takt schließt sie den arbeitenden Fuß derrière in der fünften Position.
Das wird wiederholt, bis der Schüler ihre Balance im Relevé unmittelbar „erfühlt" und sie fest über dem arbeitenden Fuß hält, wenn sie zu schwanken droht.
Danach wird das Exercise wiederholt, das Mädchen vollzieht zwei Echappés, das Relevé etwas früher. (Sie muß die Arme über der Brust falten und sich vergewissern, daß das arbeitende Knie nicht zu hoch, noch die Hüfte gehoben ist.) Bei den letzten vier Takten wendet der Schüler das Girl, indem er auf der Seite des Spielbeins die Hüfte mit einem kleinen scharfen Ruck, in seiner Richtung, dreht und zugleich mit der flachen Hand von hinten

der anderen Hüfte einen Stoß versetzt. An die niedrigere Position seiner Hände hat er sich bald gewöhnt. Sie erlaubt ihm Festes, „Knochiges” zu packen, das direkten Bezug zum Bein hat, was vorteilhafter ist als der Griff nach der Taille, deren Ausdehnung weniger genau umrissen und die allzu weich ist. Während einer Drehung en dehors nach rechts sollte der Tänzer seine linke Hand um die Taille des Girls legen, damit sie von seinen Fingerspitzen abrollen kann, wobei vermieden werden muß, daß diese sich in der Stickerei oder dem losen Aufputz ihres Kostüms verfangen. Die rechte Hand muß frei bleiben. Sie hat die Balance zu adjustieren, wenn das nötig werden sollte, und die Drehung zu stoppen.
Das Girl sollte säuberlich vom Relevé in die Drehung kommen und diese um jeden Preis durchhalten. Ein allzu heftiger Impetus und ein allzu ungestümer Absprung haben meist eine fatale Wirkung, da sie den Tänzer „schrecken” und schlicht in einer Solo-Pirouette mit einem unterstützten Finish enden, außer die Ballerina hat das Glück, einen wahrhaft heroischen Kavalier zum Partner zu haben.

Ein zweites ähnliches Exercise ersetzt das Relevé durch ein Changement, die Arme werden en haut in die fünfte Position gebracht, die Tänzerin verharrt steil aufgerichtet, die Beine fest geschlossen und durchgestreckt in der fünften Position.
Bei dieser Position muß der Mann das Mädchen etwas oberhalb der Körpermitte fassen, um sie - gleich einer gefüllten Schale - vom Brustkorb aus zu heben. Das wird ihm leichterfallen, wenn er nicht versucht, die Taille der Tänzerin mit Daumen und Zeigefinger zu umspannen, sondern die ganze Hand anzulegen und mit dem äußeren Rand (wo der kleine Finger sitzt) beider Hände das Mädchen aufwärts zu drücken.
Die Hebung muß vollkommen mit dem wechselnden musikalischen Akzent und einem kurzen scharfen Plié des Mädchens zusammenstimmen. Die Senkung hat so langsam wie möglich stattzufinden. Wenn der Tänzer etwas von dem Gewicht mit seiner Brust auffängt, hat er Sorge zu tragen, daß er die Taille des Mädchens nicht zu weit nach hinten zieht, wodurch sie ihre gestreckte Linie einbüßt und mit den Beinen vorwärts kippt.
Ein drittes Exercise kann auf der Diagonale durchgeführt werden. Fünf oder sechs Tänzer, je nach dem Raum, der zur Verfügung steht, stellen sich quer durch das Studio von einer Ecke zur anderen auf; sie blicken zum Vordergrund der Bühne und stehen in einer weiten vierten Position ouverte, das vordere Knie gebeugt, das Gewicht über diesem, die Arme zur Seite ausgestreckt.
Die Mädchen bewegen sich nacheinander die Diagonale herab. Dazu langsam zählen bis 4 . . .
Glissade piqué arabesque ouverte (und 1) (Das Girl legt ihre zum Bühnenhintergrund weisende Hand auf die zum Bühnenvordergrund weisende Schulter des Schülers und ihre andere Hand auf Hand oder Handgelenk des ausgestreckten Arms. Sie muß darauf achten, daß sie nicht auf diese Hand drückt, sondern, wenn es nötig wird, die Schulter des Tänzers fest packt, die für sie sehr viel verläßlicher ist. Halte diese Position (2. . . 3. . .4). Auf (5) läßt die Schülerin ihre Stütze fahren, der Mann geht rückwärts und tritt hinter sie, um ihre Arabesque auszugleichen, während er sie an den Händen hält. Halte diese Position (6...7) und Chassé passé weiter (8); nun kehrt der Mann zu seiner ursprünglichen IV. Position zurück, und das Mädchen bewegt sich auf den nächsten Tänzer zu.

Diese drei sehr einfachen Übungen sind eine ausgezeichnete Vorbereitung: die ersten beiden für Drehungen und Hebungen, die dritte für das Halten der Balance.
Das Training sollte nie ohne Musik stattfinden, da diese der Mittler ist, der, wenn beide Tänzer sich nach ihr richten, aus einem Zweikampf einen Pas de deux macht.

Mimik

Die Pantomime, als Kunstübung im großen Stil, ist nahezu vergessen. Vielleicht geriet sie, die zur übertreibenden Gestik gezwungen ist, ins Hintertreffen, weil Fernsehen und Film mit ihrer Technik dem Zuschauer so nah auf den Leib rücken. Außerdem vermag der Produzent diese Medien besser zu nutzen, wenn er seine Geschichten in Bilderreihen erzählt. Dennoch ist der Eindruck überwältigend, wenn man, was selten genug geschieht, auf der Bühne mit menschlicher Leidenschaft, dargestellt in der klassischen Manier, konfrontiert wird.

Obwohl in England das Fernsehen das bunte Treiben der Music Hall zerstört hat und für die Schließung vieler Provinztheater verantwortlich ist, sind Schauspiel, Oper und Ballett noch immer am Leben und scheinen trotz aller Labilität keineswegs von totaler Vernichtung bedroht. In Deutschland existieren, gemessen an der Bevölkerungszahl, mehr Opernhäuser, und die darstellenden Künste werden großzügiger unterstützt als in jedem andern westeuropäischen Land. Außerdem behauptet sich eine starke musikalische Tradition. Im östlichen Europa stehen Musik, Oper und Ballett im kräftigen Flor. Alles Beweise, daß niemals die mechanische Reproduktion ein befriedigender Ersatz für die „Live"-Aufführung sein kann. Das große Drama muß stolz auf seinen Ort, die Bühne, sein, wo menschliche Würde sich noch ausleben kann. Wenn wir Achtung vor dem Menschen haben und überzeugt sind, daß die Fähigkeit zu leiden, die Fähigkeit, Mitleid, Freude oder Großmut zu empfinden, adelt, ist dies ein Zeichen, daß wir wissen, welche Güter hier zur Diskussion stehen. Wenn Gleichgültigkeit und Furcht den Alltag lähmen, verliert das menschliche Dasein Sinn und Gewicht Eine intellektuelle Kultur ohne Liebe ist unfruchtbar und Kunst ohne innere Bewegung steril.
Nahezu alle Regierungen nutzen heute das kulturelle Erbe, wie es sich ihnen in Musik und Tanz anbietet, zur Unterstützung der diplomatischen Arbeit. Solange dies ohne politische Absicht geschieht, ist wohl kaum ein besseres Mittel der Völkerverständigung zu finden. Sind nicht auch, wenn man genau überlegt, unter den darstellenden Künsten Pantomime und Tanz die ältesten, ja sogar die beredtesten? Versuchen wir nicht alle, wenn wir mit Ausländern zusammentreffen, die eine fremde, unbekannte Sprache sprechen, uns durch Zeichen und Gesten zu verständigen? Und vermittelt nicht ein Ballettkorps, wie zum Beispiel das von Moiseyev, oder der Besuch einer Tanzgruppe aus dem Fernen Osten ein poetischeres Bild ihrer Heimat, als wenn wir uns mit ihnen unterhalten wollten? Das Paradoxon unserer Zeit ist ja, daß in dem gleichen Augenblick, in dem das Nachrichten- und Informationswesen durch Radio und Fernsehen eine Perfektion ohnegleichen gewonnen hat, der Mangel gegenseitigen Verstehens unser eigentliches Problem ist. Der Verlust der Fähigkeit, uns durch eine Gebärde mitzuteilen und durch eine Bewegung auszudrücken, lieferte uns darum noch größerer Unartikuliertheit aus.

Sollte innerhalb des Balletts die Tendenz zur abstrakten Choreographie überhand nehmen und dadurch die Tanzkunst langsam in die Gefahr der Stagnation geraten, wäre eine kräftige Zufuhr an faßbarer Handlung am Platze, um den künstlich erzeugten Leerlauf zu überwinden. Damit soll keineswegs gesagt sein, daß der Wille zur Abstraktion in die Sterilität führen müßte. Im Gegenteil: in der Simplizität, der Wahrheit, in der Beschränkung auf das Wesentliche kann sich höchste Schönheit

entfalten. Das Ballett ohne Handlung, das diesem Anspruch genügt, sei nachdrücklich ausgenommen. Doch ich wiederhole, daß ich entleerte Posen für Humbug halte, sie haben nichts mit wahrer Kunst zu schaffen.

Schon in der Schule weicht bereits bei den Vierzehnjährigen die Arglosigkeit kindlicher Einbildungskraft, die im Spiele alles zu sein vermag, einer Schwerfälligkeit, die über die normale Befangenheit der Teenager hinausgeht und buchstäblich alle Freude am Spiel und an der spielerischen Verwandlung, die noch den Erwachsenen begleiten könnte und sollte, zerstört. Liegt es daran, daß zuviel der auf Konserven gezogenen Unterhaltung den Kindern die Notwendigkeit, sich eine eigene Traumwelt zu schaffen, langweilig erscheinen läßt – oder verkümmert in unserem durch die Naturwissenschaften geprägten Zeitalter die Phantasie derart, daß sie nur Ausrede der Naiven scheint oder als Zuflucht der Versager gilt? Wenn dem so wäre, müßten wir alle Hoffnung fahren lassen, doch ich persönlich bin überzeugt, daß die Gefahr noch fern ist, solange die Künste blühen.

Zweifellos ist die Sehnsucht nach vertiefter Erfahrung so stark, daß mehr und mehr junge Menschen nach der Droge greifen, um die Flucht in den psychodelischen Rausch zu beschleunigen. Wenn aber der Phantasie in unseren Schulen größerer Raum gewährt würde und man sie nicht nur in befohlenen „musischen" Fächern pflegte, wo plötzlich einmal die Woche von den Kindern erwartet wird, eine Stunde lang „sich selbst auszudrücken", wäre das bestimmt der Jugend eine Hilfe, in gutem Gleichgewicht die Welt der Erwachsenen zu erreichen. Im Gleichgewicht aber erscheint mir ein Mensch zu sein, der Sinn hat für die Wirklichkeit *und* den Traum, der die Schwierigkeiten des Lebens bejaht und meistert, der sich Mitgefühl und Enthusiasmus bewahrt. Der Ballettmeister sollte unbedingt die Aufzucht trainierter Wunderwesen vermeiden, wie sie der moderne internationale Sport erzeugt, und statt dessen ein wenig den Glauben an das Geheimnis des Schöpferischen fördern.
Diese Ausführungen mögen in einem Kapitel zur Pantomimik überflüssig erscheinen, doch sie wollen nichts anderes sein als die Bitte, diese wieder in den täglichen Betrieb der Ballettschule aufzunehmen. Ich denke dabei nicht so sehr an die vielen ausgezeichneten Kurse für die unteren Jahrgänge, in denen man, wie mir wohl bekannt ist, durchaus in dieser Richtung arbeitet, sondern ich wende mich an die Institutionen, die den jungen Künstler für die Ballettkarriere vorbereiten. Hier wird mit dem technischen Training viel Zeit vertan. Selbstverständlich basiert auch die Pantomime auf einer Technik, die erlernt und geübt sein will. Nichts ist übrigens großartiger, nichts verleiht einem Ballett mehr Gewicht, als den reifen Künstler zu sehen, der vielleicht schon den Höhepunkt seiner tänzerischen Laufbahn überschritten hat, trotzdem aber – manchmal sogar in einer Nebenrolle – die Bühne mit seiner Gegenwart zu füllen weiß. Die russischen Compagnien verfügen über viele solcher Mitglieder und setzen sie in einem Maße sein, das für uns beispielhaft sein könnte.

Die traditionelle Pantomime des alten Klassischen Balletts, durch Mißbrauch und Vernachlässigung uns fast verloren, ist eine hochspezialisierte Kunst. Wie die Technik des großen Balletts selbst kann auch die der Pantomime nur von Person zu Person weitergegeben werden. Jeder Leser, der erlebt hat, wie die Karsavina Pantomimik lehrte, versteht, was ich meine. Die festgelegten Gesten, so leicht einem Lehrbuch nachgeahmt, werden sinnlos, wenn nicht der richtige Gesichtsausdruck, die rechte Phrasierung, Haltung und eine persönliche Ausstrahlungskraft sie begleiten. Wenn die Geste für jedes Wort verstanden wird, ist es nicht schwierig mitzuteilen: „Ich sah einen hübschen Jägersmann." Doch in einem Ballett kann diese naive Erzählung sehr ermüdend wirken, wenn sie nicht

inspiriert vorgetragen wird, und ich bin überzeugt, daß aus diesem Grunde so oft die überlieferte Mimik und Gestik bei der Neu-Inszenierung klassischer Ballette gestrichen wird. Sollte aber die Pantomime, ohne die Möglichkeit, sie wieder zu beleben, verschwinden, wäre das ein ernst zu nehmender Verlust. Die Ballettschule sollte ihre Aufgabe darin sehen, diese Kunstübung zu erhalten und sie als einen Teil der großen Ballett-Tradition in besonderen Kursen pflegen.

Glücklicherweise ist Marcel Marceaus pantomimische Kunst nicht so selten, da sie - was auf keinen Fall diesen einzigartigen Künstler herabsetzen soll - das Resultat genauester Beobachtung der Wirklichkeit ist. Wo der Mime des alten Balletts Teile der Geschichte, um sie klarzumachen, *erzählte,* setzt sich der moderne Mime mit seinem Auditorium durch die Mittel in Verbindung, die ihm als Schauspieler oder Tänzer zur Verfügung stehen: er *wird* der Charakter, den er zu zeichnen wünscht. Diese reine Form müßte neben der stilisierten Pantomimik, wie sie das Ballett in den vergangenen zweihundert Jahren ausgebildet hat, gelehrt werden.
Im Pantomime-Unterricht der unteren Jahrgänge sollten stets ungefähr fünfzehn Minuten der Übung gewidmet werden, ein nicht existentes Objekt sichtbar zu machen. Wenn zum Beispiel die Aufgabe lautet, eine Tür mit einem Schlüssel zu öffnen und durch diese Tür zu gehen, so muß man „sehen", was für ein Schlüsselring aus der Tasche gezogen wird, und beim Wiedereinstecken hat die Tasche an genau der gleichen Stelle zu sitzen. Ein guter Mime sollte in der Lage sein, lediglich durch seine Reaktionen rings um sich einen Kreis von Figuren und Charakteren zu erschaffen. Man zeige einem Schüler eine nur in der Phantasie vorhandene Person, die er begrüßen soll. Die Klasse muß erraten können, was das für ein Mensch war, den er traf. Selbstverständlich spielt der Gesichtsausdruck bei derartigen Übungen eine Rolle, dennoch aber sollte der ganze Körper mitspielen, um dem Zuschauer das, was gesagt werden soll, zu zeigen - eine Fähigkeit, die für den Tänzer unerläßlich ist. Soll im Pantomimik-Unterricht eine Episode dargestellt werden, muß sich der Schüler zunächst über den eigenen Charakter klar werden. (Das bedeutet die Festlegung der Haltung, des Gangs, des Gesichtsausdrucks, der Kleidung, die er - angeblich - trägt, auch die Festlegung seiner Stimmung, ja aller Züge, die sichtbar gemacht werden können, um einen Menschen zu charakterisieren.)

Weiter muß es ihm gelingen, durch Bewegungen, Reaktionen, durch sein ganzes Benehmen, die leere Bühne zu möblieren und mit Menschen zu füllen. Schließlich ist der Handlungsablauf zu skizzieren, und während dieser abrollt, muß er sein Publikum mit äußerster Energie zum Verstehen und Mitgehen zwingen. Diese Art der Pantomime versucht, eine Kopie des Alltags, eine Kopie körperlicher Verhaltensweisen zu sein. Anders die Pantomime, die in die Domäne des Schauspielerischen übergreift und vom Gefühl getragen wird. Dabei geht der Schüler von einem vorgegebenen seelischen Zustand aus, den er möglichst ohne Hilfe des Mienenspiels auszudrücken versucht. Gelingt ihm das, so wird er spüren, daß sein Körper wesentlich an der Ausstrahlung der seelischen Spannung beteiligt war. Verbindet sich dieses Vermögen dem Tanz, so steigert es im Pas de deux die Kunstfigur zu hoher Dramatik, wenn sie von einem begabten und feinnervigen Paar getanzt wird.

Selbstverständlich vermag Suggestion viel. Immer wieder bin ich verblüfft, wie wenig wir von der Beherrschung und Nutzung dieser enormen geistigen Kräfte wissen. Hier lahmt die Forschung. Gedankenübertragung wird in unserem Zivilisationskreis noch immer nicht bewußt geübt, obwohl die Tatsache ihres Bestehens wissenschaftlich durchaus anerkannt ist. Im pantomimischen Bereich ist für mich eine dicke

und ziemlich häßliche Lehrerin, die, mir unvergeßlich, während meiner Ausbildung die Rolle des Drachen spielte, ein schlagendes Beispiel. Diese Frau war eine ausgezeichnete Schauspielerin. Vor unseren Augen verwandelte sie sich in ein junges Mädchen oder eine hagere Alte - oder, was wahrscheinlicher ist: sie zwang uns durch schiere Konzentration, sie zu sehen, wie sie gesehen sein wollte.
Oder ein neueres Beispiel: eine berühmte Tänzerin unserer Tage, die keineswegs bemerkenswert schön ist, erreicht in bestimmten Augenblicken, kraft ihrer Ausstrahlung, mit der sie sich und das Publikum verzaubert, atemraubende Vollkommenheit. Hier ist mit Händen zu greifen, was ich meine, wenn ich Lehrern rate, dem Glauben an das Geheimnis des Schöpferischen ein wenig Platz einzuräumen.
Die Begabung junger Menschen liegt meist nicht offen zutage. Darum ist es vorteilhaft, bei der Prüfung untrainierter Kinder eine kleine pantomimische Szene aufzugeben. Gerade die nervösen und scheuen unter ihnen vergessen dann oft die Umgebung und gehen völlig in der Rolle auf, die sie spielen sollen. Das sind aber meist die Schüler, die unser Interesse verdienen. Ihre Fähigkeit, sich mit einer gestellten Aufgabe zu identifizieren, kann sie später zu Künstlern werden lassen, die sich zu Dolmetschern ihrer Kunst entwickeln. Es ist eine Gabe, die sorgfältig während der Jahre langen, harten technischen Trainings, dem sich der Tänzer unterziehen muß, gehütet werden sollte. Ich bin der Überzeugung, daß dieses besondere Sensorium durch eine grundsätzliche Ausweitung der Ballett-Ausbildung angeregt und ermutigt werden könnte. Man sollte Schauspielunterricht, man sollte Pantomimik in das Studienprogramm aufnehmen, eine Bereicherung, die durch diese jungen künftigen Künstler schließlich uns wieder zufließen wird.

Rhythmus und Musikalität

„Musik", sagt das Konversationslexikon, „ist die Kunst, Töne, durch Stimme oder Instrument hervorgebracht, in rhythmischer Abfolge als Ausdruck einer Gemütsbewegung, unter dem Gesetz der Schönheit zu vereinen." Der Schluß dieser Definition ist bestimmt auch auf den Tanz anwendbar. Tatsächlich spielt ja die Musik, im Gegensatz zur Meinung mancher Musiker, im Leben des Tänzers eine große Rolle. Darum ist es so beklagenswert, daß die musikalische Erziehung in vielen Ballettschulen sträflich vernachlässigt wird. Junge Tänzer, schön, ehrgeizig, im Besitz einer tragfähigen und guten Technik, eben fertig ausgebildet und in eine Ballett-Compagnie eingetreten, sehen sich von den Choreographen ignoriert, wenn ihr rhythmisches Gespür nur schwach entwickelt ist oder sie nicht rasch genug die Komplexität einer Phrase moderner Musik begreifen. Auch das Girl oder der junge Mann, die im Corps de ballet nicht Takt mit den übrigen Tänzern halten, sind vollkommen nutzlos, und als Solist wird der unmusikalische Tänzer (sicher ein Widerspruch in sich) immer zweitrangig bleiben.

Echte Musikalität beruht auf zweierlei: auf Rhythmus und Gehör. Diese beiden Fähigkeiten sind nicht immer in einem Individuum vereint. Wenn man gröblich verallgemeinern wollte, wobei man aber durchaus etwas Wahres träfe, könnte man die Tänzer einer Gruppe mit der besonderen Anlage zur rhythmischen Reaktion zuteilen, die Instrumentalisten aber gehörten zu jenen, die Musik vor allem mit dem

Ohr aufnehmen. Das ist nur natürlich, denn der Tänzer drückt die den Sinnen zugängliche Qualität der Musik durch den Körper aus, der zu diesem Zweck geschult wurde, während die Einstellung des Musikers dem Klang gegenüber, selbst wenn sie emotional gefärbt sein mag, analytischer und vielleicht genauer als die des Tänzers ist. Offensichtlich verfügen viele Künstler über beide Arten der Perzeption. Doch ist es bedenklich, wenn ein vorwiegend rhythmisches Talent als umfassende Musikalität mißdeutet wird, und man darum die Fähigkeit, Musik verstehend zu durchdringen, nicht pflegt, sondern vernachlässigt. Umgekehrt gilt das gleiche.

Interessant ist die Beobachtung, daß neunzig Prozent aller Personen, ob nun Tänzer oder nicht, bei einer Verschiebung des musikalischen Rhythmus den fehlenden Takt durch eine Körperbewegung ausgleichen. Diese Reaktion des Körpers ist also ein Charakteristikum der menschlichen Natur.

Anatomisch gesehen, wird der Körperrhythmus durch die Knie, in der Magengrube und durch die Lungen reguliert. Diese Einsicht drängt sich dem auf, der den primitiven Tänzen afrikanischer Stämme und der weitverbreiteten Hopserei, wie sie gegenwärtig in Tanzhallen und Diskotheken üblich ist, zusieht. Jedes Hüpfen zu einer musikalischen Begleitung muß die Kniegelenke als Tempo-Kontrolle einsetzen. Ich wünschte, Tänzer des Klassischen Balletts würden sich öfter klarmachen, daß auch sie ihr Demi-plié als Sklaven nutzen könnten, der ihnen willig den Rhythmus angibt. Von dem unteren Teil des menschlichen Torso gehen die meisten unwillkürlichen Bewegungen aus, doch dank der extremen Disziplinierung von Bauch und Rücken bei der klassischen Ballett-Arbeit, wird häufig durch das ernsthafte Ballett-Training eine der ersten natürlichen Quellen des rhythmischen Sinns verschüttet. Ein Kompromiß müßte gefunden werden. Ich hielte es für hilfreich, die Empfindung, „vom Bauche her zu tanzen", ein wenig höher, genau unterhalb des Brustbeins, anzusiedeln, wodurch man die Körpermitte zu ernsterer Arbeit, nämlich zur Kontrolle der Hüften, befreite.

Während ich das niederschreibe, geht mir ein simpler, sich dauernd wiederholender Rhythmus nicht aus dem Sinn, den man mit dem Wort „Takt-halten" bezeichnen könnte; das Phrasieren folgt auch rhythmischen Gesetzen und besitzt seine eigene Form. Dabei spielt die Atmung eine wichtige Rolle. Sie „färbt" buchstäblich den Rhythmus des Tänzers. Wie der Sänger lernt, seine Stimme durch den Atem zu kontrollieren, so kann auch der Tänzer durch scharfes Atemholen oder durch langsames Ein- und Ausatmen die Dynamik der Bewegung dirigieren. Selbstverständlich fügen sich viele tänzerische Schritte einem musikalischen Zwang, aber eine zu große Bewußtheit oder zuviel der Analyse zerstören meist die Spontaneität des Tänzers bei der Arbeit und sollten in den Schulen nicht allzusehr kultiviert werden. Durch sie läuft die tänzerische Bewegung Gefahr, einer bedenklichen, intellektuellen Austrocknung zu erliegen. Das instinktive Wissen, wann die Lunge der Luft bedarf, ist entschieden vorzuziehen.

Selbstverständlich ist durch diesen Hinweis die Bedeutung richtigen Atmens für den Tanz nicht erschöpft. Man braucht nur an die Sportler zu erinnern und wie sehr sie, um ihre Schnelligkeit zu steigern, damit beschäftigt sind, genügend Sauerstoff zu inhalieren. Wir aber sind hier mit Musik befaßt, darum reicht es, festzuhalten, daß der Atem des Tänzers eine Brücke zwischen der seelischen und körperlichen Reaktion auf den Klang sein sollte.

Wie die verschiedenen Tierarten über einen Körperrhythmus verfügen, der ihrer Größe und dem Mechanismus ihrer Raub- und Verteidigungswerkzeuge entspricht, so besitzt auch der Mensch einen ihm natürlichen Rhythmus, der aus einer Mischung physischer und psychischer Eigenschaften erwächst. Das ist leicht an Tänzern zu beobachten und wird besonders deutlich, wenn die Schritte schwieriger werden. Ein Tänzer mit ausgeprägtem rhythmischem Sinn wird seine spontane Reaktion auf die Musik als Mittel zur Bekämpfung körperlicher Nachteile nutzen. Stellt man jedoch fest, daß die rhythmische Begabung eines Schülers nicht ausreicht, um instinktiv diese Korrekturen zu vollziehen, muß der Erzieher ihm helfen, die ihm nicht angeborene Differenzierung seiner Bewegungen zu erringen, indem er auf allen Pas, besonders auch auf den technischen Tricks und den Bravourstückchen, besteht, die in Tempi durchexerziert werden, welche durchaus von denen abweichen, die jedermann „bequem" sind. Das ist wichtig, da es später den „Zirkus-Artisten" von dem ein musikalisches Motiv interpretierenden Künstler unterscheidet. Weiter unten in diesem Kapitel gebe ich ein Enchaînement, das zeigt, wie dieselben Schritte einmal im scharfen 2/3-Takt und ein andermal im breiten 3/4-Takt genommen werden können.

Die musikalischen Grundlagen, auch der Umgang mit der Notenschrift, sollten dem Tänzer geläufig sein. Unabdingbar sind diese Kenntnisse für jeden, der sich mit den Problemen der Choreographie, der schöpferischen Krönung des Balletts, auseinandersetzt. Der Choreograph ist allein; seine Stellung ist ungeschützt: sein Werk den Interpreten preisgegeben, dessen Früchte der Kritik ausgeliefert. Der Same, der aufgehen soll, die „Idee", muß alle Fallgruben überspringen, die ihre Übermittlung an eine Ballett-Compagnie darstellt.
Sie muß die Gefahren einer falschen Ausstattung, die Gefahr der schlechten Beleuchtung, sie muß den Mangel an Zeit, Geld an Zusammenarbeit überdauern; und schließlich hat sie – was eng zu diesem Kapitel gehört – auch die Bedrohlichkeit eines fremden Dirigenten zu überstehen; sie hat den Schock zu überwinden, den das Orchester, nach Proben nur zu einem Klavier, auslöst, und die Diskrepanz der Tempi hinzunehmen, die unvermeidlich sind, wenn Bühnen- und Orchesterproben nie zusammenfallen.

Hier ist die Stelle, wo viele junge, ehrgeizige Choreographen straucheln, da sie nicht über das unerläßliche musikalische Wissen verfügen und kühn nach einer Musik greifen, deren Schwierigkeit ihnen entgeht. Unter allen hochspezialisierten und die gründlichsten Fachkenntnisse fordernden schöpferischen Tätigkeiten wird bestimmt keine derart von Amateuren und Dilettanten mißbraucht wie die Choreographie. Wahrhaft erfahrene Choreographen werden mit einem Komponisten zusammenarbeiten und Rat bei Dirigenten suchen. Doch einem Anfänger, der es mit einem ersten Ballett versucht, werden wahrscheinlich solche Hilfen nicht zur Verfügung stehen. Für ihn wäre eine solidere musikalische Ausbildung, als sie gewöhnlich Tänzern während ihrer Schulungsjahre zuteil wird, nahezu unerläßlich, wenn er diesen ersten Sturz überstehen soll. An der Seltenheit, mit der Choreographen auftreten, trägt vielleicht dieser Mangel an musikalischer Schulung mehr Schuld, als gemeinhin erkannt wird.
Doch davon abgesehen, müßte Respekt vor dem Dirigenten Tänzern selbstverständlich sein. Sie sollten sich daran erinnern, daß sie zur Begleitung eines großen Orchesters tanzen, das sicher auch seine eigenen technischen und künstlerischen Probleme hat, die alle durch diesen einen Mann gemeistert werden wollen. Nur Zusammenarbeit, die bereits im Ballettsaal zu beginnen hat, kann zum Erfolg führen. Jeder Tänzer kennt die Qual, zu Tempi, die keine Rücksicht kennen, tanzen und den Unverstand, die manche Musiker seinen „Kunstfiguren" gegenüber zeigen, bekämpfen zu müssen. Doch klärende Gespräche im voraus, gutwillige Kooperation und gegenseitige Achtung vermögen stürmische Bühnenproben zu verhindern und werden den

Weg zu einer wahren Ehe von Musik und Tanz ebnen.
Die Schwierigkeiten, einen Pianisten zu finden, der bereit und willig ist, das Training zu begleiten, kenne ich; trotzdem möchte ich Lehrern dringend empfehlen, die Suche nicht aufzugeben und sich nicht mit einem Plattenspieler zu begnügen. Ganz abgesehen von den ermüdenden Wiederholungen, kann eine mechanische Begleitung niemals ein Ersatz der „Live-Musik" sein. Ich finde selbst einen mittelmäßigen Pianisten besser als eine Platte, obwohl es anderseits schon seine Richtigkeit hat, daß ein schlechter Begleiter das Training zu ruinieren vermag. In vielen Fällen ist es eine Sache der Erfahrung. Mit Geduld und einer gewissen Hilfestellung kann sich ein scheuer oder bescheidener Musiker in einen ausgezeichneten und in die Trainingsbedingungen einfühlenden Pianisten verwandeln. Wenn er oder sie vorziehen zu improvisieren, muß der Lehrer die Musik, die er braucht, deutlich beschreiben, das Tempo angeben und wenn möglich die Schritte demonstrieren, wobei er die Melodie summt. Sollte der Pianist aber lieber vom Blatt spielen, müßte ein Vorrat an Noten vorhanden sein (es sind ausgezeichnete Musik-Sammlungen zu Trainingszwecken auf dem Markt) mit Anweisungen, welche Piecen jeweils zu spielen sind. Nach ein paar Wochen hat fast immer der Pianist verstanden, was gewünscht wird, und wird sogar in der Lage sein, die nötigen einführenden Takte zu geben, die jedem Enchaînement vorausgehen sollten. Sie sind für den Tänzer, der sie zu nutzen weiß, als Hinweis auf die Tempi, die folgen, wichtig.
Gelegentlich finde ich es ratsam, fortgeschrittenen Klassen Enchaînements im 4/5- oder 7/8-Takt zu geben, da später oft Tänzer mit den unregelmäßigen Takten Mühe haben und diese Rhythmen weniger kompliziert erscheinen, wenn man sich allmählich an sie gewöhnt hat. Hier folgt ein einfaches Exercise im 5/4-Takt, das an der Stange zu üben ist:
1. Battement frappé à la seconde, mit einem Fondu.
2. Rückkehr sur le cou de pied und Strekken des Standbeins.
3., 4., 5. Wiederhole die zwei Bewegungen 1 1/2 mal.
1. Bringe nun den arbeitenden Fuß sur le cou de pied und bleibe en fondu.
2. Frappé à la seconde, während das Standbein gestreckt wird.
3., 4., 5. Wiederhole die zwei Bewegungen 1 1/2 mal.
Wiederhole die ganze Kombination siebenmal. Das kann auch mit einem Relevé und mit doppeltem Frappé (kompliziert!) geschehen. Lehrer werden feststellen, daß Schüler große Schwierigkeiten mit diesem Schritt haben, wenn er ihnen neu ist, aber daß er sie nach einigen Tagen nicht mehr stört.

Ein anderes Exercise, das man als ein „Trick"-Enchaînement bezeichnen könnte, wird zu einer Mazurka geübt. Die Füße folgen dem musikalischen Takt:
1. Echappé sauté à la seconde.
2. Sauté in dieser Position.
3. Fermé sauté en cinquième. (Wiederhole siebenmal).
Die Arme vollziehen eine wiederholte Sequenz, die vier Takte enthält und den Rhythmus der Füße überschneidet:
1. Arme cinquième en avant.
2. Bringe die Arme zur cinquième en haut.
3. Nimm die Arme herab zur à la seconde.
4. Ende mit der Anfangsposition, en bas (wiederhole fünfmal).
Variationen dieses Typs eines koordinierten Exercise können so zusammengestellt werden, daß man immer weiter die Schwierigkeiten steigert.
Das folgende Exercise sollte zu einem scharfen 2/4 Allegro-Takt und, um die Beherrschung der verschiedenen Beschleunigungen zu üben, in einem breiten 3/4-Walzertakt geübt werden.
und 1 und 2 (.. 3, 1̲23, 2̲) Temps de cuisse dessus. (Halte das Spielbein einen Augenblick in der Cou de pied-Position)

und 3 (. 23,3) Sissone ouvert, endend mit Chassé croisé).

und 4 (.23,4) Brisé dessus, endend mit dem Spielbein sur le cou de pied derrière.

und er 5 (. 23,5) Pas de bourrée dessous en tournant.

und 6 (. 23,6) Petit sissone devant en tournant dehors, Arme cinquième en haut.

und 7 (.23,7) Ballonné de coté, endend mit dem Spielbein sur le cou de pied derrière.

und er 8 (. 23,8..) Pas de bourrée dessous.

Beim Training sollte man die Schüler immer wieder veranlassen, die musikalischen Tempi, zu denen sie tanzen, zu bestimmen und auch - wenn sie dazu imstande sind - zu sagen, um welches Musikstück es sich handelt und wer es komponiert hat. So empfängt das Kind eine Vorstellung, wie wichtig es ist, das zu wissen, und es wird ihm zur Gewohnheit, sich darum auch während der künftigen beruflichen Laufbahn zu kümmern. Die meisten Kinder haben entschieden Lust, etwas zu lernen, und werden zutraulich, wenn sie ihre Umgebung - in unserem Fall die Arbeitsmethoden des Studio - verstehen. Man weiß, daß sich der menschliche Körper, konfrontiert mit Unbekanntem, verkrampft. Warum sollte die Musik, wenn sie als unbekannte Größe auftritt, da eine Ausnahme machen? Doch wenn dem auch nicht so wäre, wird bestimmt dem schüchternen und vielleicht unmusikalischen Schüler wohler, wenn man die Klasse mit allem Wissenswertem über die Klänge, die sie hört, vertraut macht und ihr so zählbare Akzente, mit denen sie sich physisch zu identifizieren vermag, mitgeteilt hat.

In den Schulen sollten die Musikkurse niemals nur in der Theorie steckenbleiben, sondern des Schülers Ohr dem Reichtum der Musik öffnen, die in ihrer ganzen Fülle sicher nicht zum Repertoire der Ballett-Compagnien gehört. Konzertbesuche, das Hören guter Musik im Radio oder mit Hilfe der Platten müßte ermutigt und das „Musikmachen” entschieden gefördert werden. Kinder, die dabei sind, Klavier, Geige oder ein anderes Instrument spielen zu lernen, wären leicht in einer Gruppe zu vereinen, die, vergrößert um Schüler mit Schlaginstrumenten, ein kleines Orchester bilden könnten. Wenn dem Resultat für das verwöhnte Ohr auch die wahren Feinheiten abgehen mögen, so wird das durch die Begeisterung der Schüler reichlich aufgewogen. Es ähnelt der Arbeit in einem Corps de ballet. Hier fällt der Tänzer, der aus der Reihe tanzt oder nicht den Takt hält, ebenso unangenehm auf wie das Orchestermitglied, das Ton oder Tempo verfehlt.

Nichts dürfte versäumt werden, was den Tänzer in seiner Eigenschaft als Künstler bereichern könnte. Tanz läßt Musik sichtbar werden, macht das Lied berührbar. Er ist unergründlich und flüchtig; wilde Ursprünglichkeit regt sich in ihm, und zugleich ist ihm große Dauer beschieden.

Gesundheit

Wie wichtig eine gute Konstitution für den Tänzer ist, kann nicht genug betont werden. Der Körper ist sein Instrument. Jede Behinderung bedeutet ein Absinken der Leistung und als Konsequenz die Einbuße der Fähigkeit, in der Arbeit höchsten Maßstäben zu genügen. Man weiß das von Sportlern, die lange trainieren müssen, um für den Augenblick des Wettkampfes fit zu sein, aber man macht sich im allgemeinen nicht klar, daß auch der Tänzer, Tag um Tag, bei Probe und Vorstellung, außerordentliche physische Kräfte einsetzen muß und daß man von ihm als Künstler erwartet, stets in der Lage zu sein, Glanzleistungen zu vollbringen, die Stärke, Ausdauer und Vitalität erheischen. Die langsame Art des Trainings, das sich über Jahre hinzieht, in denen der Tanzschüler lernt, mit seiner Kraft hauszuhalten und seinen Körper intelligent und äußerst ökonomisch einzusetzen, ist - wenn auch keine Garantie - so doch eine der besten Methoden, Schädigungen vorzubeugen. Technik ist für den Tänzer unerläßlich, doch kann sie niemals körperliche Kraft und Energie ersetzen.

Es gibt Fälle, wo kränklichen Kindern das Tanztraining bekommt, obgleich es so gar nicht der landläufigen Vorstellung vom prächtig abhärtenden Sport in frischer Luft entspricht. Die Pawlowa gilt als Paradebeispiel. Ihre Aufnahme als Schülerin wurde von der Marynski-Schule abgelehnt, da sie für einen Beruf, der derart ungewöhnliche Ansprüche stellt, zu schwächlich und unentwickelt erschien. Aber die Anlage zu der besonderen Konstitution, die der Tanz erfordert, findet sich oft eher in dem zarten und reizbaren Kind als bei einer robusteren Natur, die sich leicht ins Derbe und Unästhetische auswachsen kann.

In diesem Kapitel sollte ich eigentlich von der seelischen und körperlichen Gesundheit säuberlich geschieden sprechen. Doch die Forschung hat bewiesen, daß beide untrennbar sind. Für den Tänzer gilt das sogar in besonderem Maße. Die gesteigerte Abhängigkeit vom körperlichen Wohlbefinden läßt ihn auf jede noch so kleine Beeinträchtigung äußerst empfindlich reagieren. Er ist nur zu leicht bereit, auch winzige Schmerzen zu dramatisieren und sich wie ein Hypochonder zu benehmen - da er in der Furcht lebt, sie könnten eine ernste Ursache haben. Mit steigender Erfahrung und bei der täglichen Arbeit lernt er aber die echte Erkrankung und das nervöse Symptom unterscheiden; er lernt auch, unterstützt von Pflichtgefühl und der Routine des unablässigen Trainings, mit vorübergehenden Behinderungen fertig zu werden. Gerade darum ist das seelische Gleichgewicht nicht weniger wichtig als ein gesunder Stoffwechsel. Doch das ist ein weites Feld, und- obwohl das Thema für den Lehrer von ganz besonderem Interesse ist, überschreitet es den Rahmen dieses Buches. Vor der Aufnahme in eine ernst zu nehmende Ballettschule sollte ein Arzt das Kind untersuchen und gründlich die Verfassung des Knochengerüsts, der Lunge und des Herzens prüfen. Die ausreichende Länge der Glieder und Sehnen müßte festgestellt werden, denn wenn diese nicht gut proportioniert sind, besteht die Gefahr künftiger körperlicher Disharmonie. Außerordentlich wichtig ist die Beweglichkeit des Hüftgelenks. Wenn ein Junge oder ein Mädchen die tänzerische Laufbahn einschlagen will, müßten sie unbedingt, die Oberschenkel mehr als sechzig Grad auswärts drehen können. Auch die Charakteranlage des Kindes spielt eine Rolle, denn nicht selten entwickelt sich der körperlich benachteiligte Schüler durch Talent,

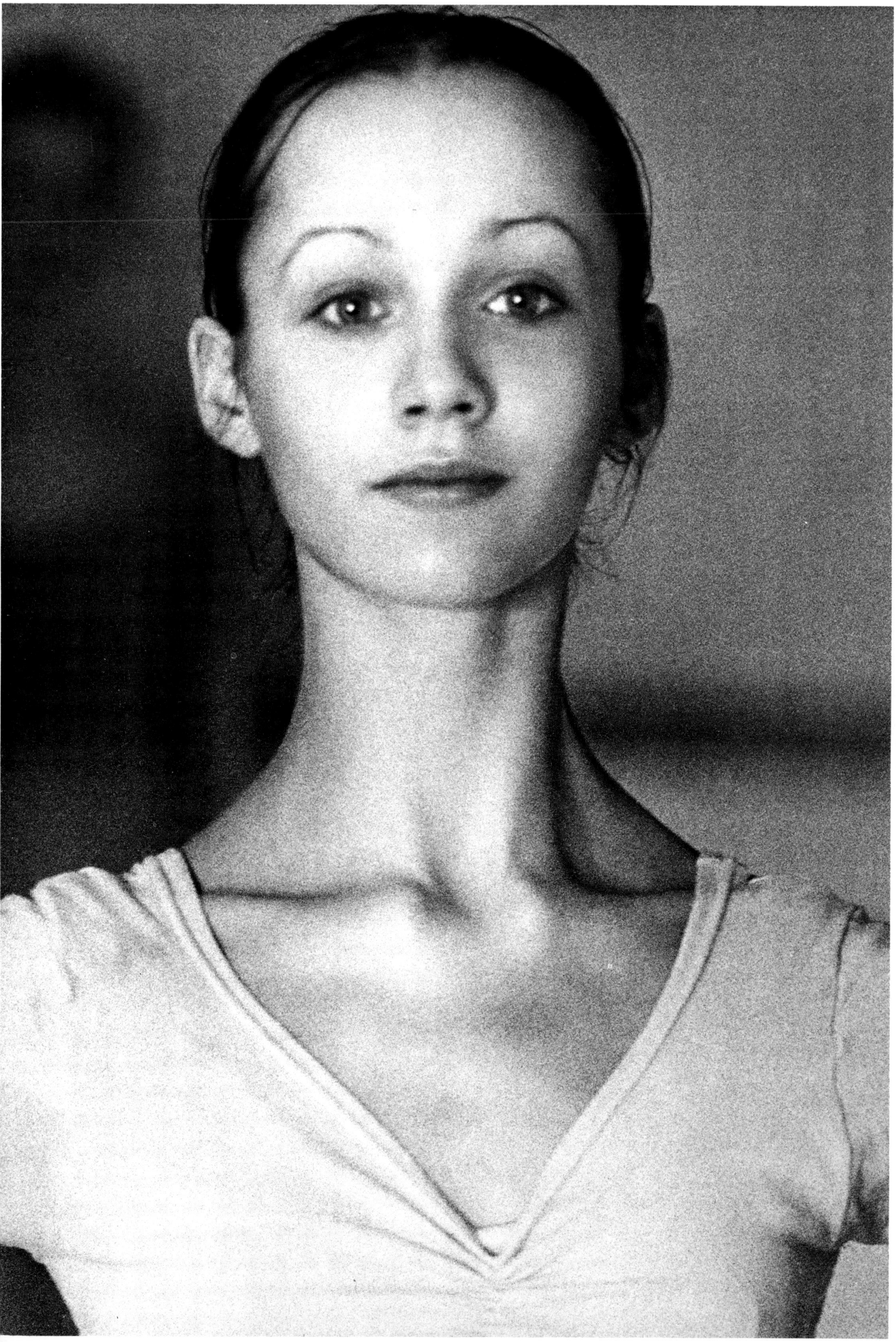

Enthusiasmus und Ausdauer zu einem kräftigen und vielleicht guten Tänzer. Im übrigen sollte man den gesunden Menschenverstand walten lassen und den Regeln folgen, nach denen auch sonst Kinder aufgezogen werden. Also viel frische Luft, gleichmäßiges, doch auf keinen Fall übertriebenes Training, eine vielseitige, gesunde Kost und genügend Schlaf. Die Jahre der Pubertät sind für den Ballettschüler nicht ohne Schwierigkeiten. Zuviel wird von ihm verlangt. In der Schule sind diese Jahre die Zeit der Examina und des Abtastens künftiger Möglichkeiten; im Ballettkurs müßte dazu nun ein härteres Training einsetzen. Die sich entwickelnden Zeichen der Reife irritieren beide Geschlechter gleichermaßen und machen sie außerordentlich verwundbar. Überanstrengung sollte unbedingt vermieden werden. Eine weitere Gefahr droht dem Tanzschüler vom Speisezettel. Mädchen neigen in diesem Alter zum Übergewicht, und wenn dieses durch eine selbst auferlegte Hungerkur bekämpft wird, können ernste körperliche und seelische Schäden die Folge sein. Eine Diät, vom Arzt verordnet, müßte durchgehalten werden. Wenn aber alle Zeichen darauf deuten, daß eine gewisse „Polsterung" der vorgegebenen Konstitution des Schülers entspricht, wäre es nur vernünftig, ihm (meist ist es eine Sie) zu raten, einen anderen Beruf zu wählen, damit nicht zuviel der kostbaren Lernjahre unter Zwanzig vertan werden.

Viele Tänzerinnen schaffen es, ein Baby zu haben, ohne den Beruf aufzugeben. Die Geburt ist für sie selten komplizierter als für andere Frauen. Ob sie danach die Arbeit fortsetzen können, hängt meist mehr vom praktischen Zuschnitt der heimischen Verhältnisse ab – ob nämlich Hilfe für Haus und Kinderpflege vorhanden ist – als von dem Zwang, daß die junge Mutter ihre Figur wiedergewinnen muß. Im ganzen gilt, daß Frauen die Tänzerinnen waren, über ein größeres Reservoir an Lebensenergie verfügen – und (was nicht zu unterschätzen ist) über eine gute Haltung, die den besten Schutz gegen Altersleiden bietet. Tänzer, und vor allem Tanzlehrer, sind ob ihrer Langlebigkeit berühmt.

Fast alle Mitglieder der Ballett-Compagnien sind der Überzeugung, daß das tägliche Training für ihr Wohlbefinden unabdingbar sei. Das hat seine Richtigkeit für die Periode der Proben und Vorstellungen, aber darüber hinaus halte ich Zeiten der völligen Entspannung für ebenso notwendig. Muskeln und Bänder werden (beim steten Gebrauch) überanstrengt und lassen nach, wenn ihnen nicht Gelegenheit zur Regeneration geboten wird. Die Erfahrung lehrt, daß der Zustand allzu großer Anspannung den Unfall herbeizieht. Darum müßten Tänzern regelmäßige Erholungspausen zugestanden werden. Sie selbst würden dann, wieder in die Praxis zurückgekehrt, meist feststellen, daß sie nichts versäumt haben. Wird die Ruhe erzwungen, zum Beispiel durch einen Unfall, der den Tänzer für drei Monate lahmlegt, sollte man unbedingt damit rechnen, daß er noch einmal drei Monate Training braucht, ehe er wieder über seine volle Kraft verfügt. Oft werden Schmerzen, wird die Schwächung der Organe chronisch, weil die Tänzer ungeduldig sind, wieder an die Arbeit zu kommen. Hier müßte der erfahrene Psychotherapeut zugezogen werden, der beurteilen kann, ob vorübergehend der Ehrgeiz eines Tänzers zu dämpfen ist oder ob Furcht und Mißbehagen, die gewöhnlich einen Unfall begleiten, ignoriert werden dürfen.

Massage ist für den angespannten Muskel eine Wohltat, und die meisten Tänzer machen mit Recht Gebrauch von ihr. Man sollte sie aber eher vorbeugend anwenden; als Heilmittel bei Verletzungen eingesetzt, kann sie schaden. Es ist ratsam, der ärztlichen Verordnung zu folgen.

Die Pflege der Füße spielt für die Gesundheit des Tänzers eine vitale Rolle. Selbst

kleine Unannehmlichkeiten wie Hühneraugen und Blasen können so peinvoll werden, daß der Tänzer, nur um die Qual zu mindern, in Versuchung gerät, bei der Arbeit die Schultern hochzuziehen oder das schmerzende Bein zu schonen. Das verdirbt sofort die Technik. Es ist gescheiter, dem Übel durch Sorgfalt zuvorzukommen.
Nicht allein die Füße sollten peinlichst sauber und trocken gehalten werden, sondern auch die Trikots, Socken und Strümpfe müssen oft gewaschen werden. Gelegentlich lesen Tänzer eine quälende Infektion, die Dermatophytose, den sogenannten Fußpilz, auf. Feuchtigkeit zwischen den Zehen ist ein guter Nährboden, doch die Sache ist ansteckend, und der Pilz überdauert recht lange und vergnügt in Schuhen, infizierten Kleidungsstücken oder auf den Böden der Duschräume. Es gibt mancherlei Mittel gegen diese Plage bei dem Apotheker zu kaufen. Wichtiger aber ist, rasch zu handeln, da Risse zwischen den Zehen oder ähnliche Warnsignale zu weiterer Infektion führen.
Blasen sind zu vermeiden, wenn man die Füße nicht unmittelbar vor dem Tanz in Ballettschuhen wäscht, da dadurch die Haut weich wird. Sind die Schuhe zu hart und unschmiegsam oder vielleicht sogar zu groß, so daß der Fuß sich scheuert, so ist eine Blase die unvermeidliche Folge. Die Zehen bilden, wenn sie mit Spiritus eingerieben werden, eine Schicht widerstandsfähiger Haut. Für den Tänzer ist es ratsam, das regelmäßig zu tun.

Im allgemeinen sollten Schüler und Schülerinnen, wenn sie nicht tanzen, Schuhe mit Absätzen tragen, um der Achillessehne eine Ruhestellung zu verschaffen. Diese Ansicht teilen nicht alle Spezialisten, und es ist zuzugeben, daß primitive Völker, die ihr Leben barfuß verbringen, wahrscheinlich keine Sorgen mit ihrer Achillessehne haben. Aber von ihnen erwartet man auch nicht den Tanz auf der Fußspitze, noch die klassische männliche Variante, den weittragenden Sprung. Sicher besteht auch die Möglichkeit, daß sich die Achillessehne bei unseren zivilisierten Damen verkürzt, wenn sie Jahre hindurch unausgesetzt hohe Absätze tragen. Bestimmt aber laufen Tänzer, die täglich stundenlang in flachen Schuhen trainieren, dieses Risiko nicht; sie haben viel eher, wenn sie nicht arbeiten, die Entlastung und Entspannung nötig, die der Schuh mit Absatz gewährt.
Ein großer Vorzug, den Tänzer genießen, ist die Fähigkeit, gesund zu schwitzen. Selten leiden sie unter Achselschweiß, dem Zeichen der Nervosität, der so unangenehm in die Nase steigt, noch unter den Schweißausbrüchen schlecht trainierter Leiber, die ungewohnten Anstrengungen ausgesetzt werden. Vielmehr gerät der ganze Körper langsam in ein natürliches Schwitzen, das die Temperatur regelt und dem Tänzer ein Gefühl der Geschmeidigkeit vermittelt, das der Arbeit förderlich ist.
Allerdings muß der Tänzer nach angestrengtem Training darauf achten, sich nicht zu erkälten. Der feuchte Trikot muß sofort gewechselt werden, und wie heiß dem Tänzer auch sein mag, er darf sich niemals dem Zug aussetzen. Viele Professionals bevorzugen die Arbeit im Süden, da die warme und trockene Luft ihnen sehr viel angenehmer ist. Aber seltsamerweise muß ich feststellen, daß die „Mañana"-Länder – oder sollte man sagen: die Länder, in denen eine Siesta üblich ist? – keineswegs so viele glänzende Tänzer hervorgebracht haben wie Europa und Nordamerika.

Dieses Kapitel versucht, Tänzern und Lehrern zu zeigen, daß Gesundheit meist nur die Folge gesunden Menschenverstands und richtiger Gewohnheiten ist. Jede ernste Krankheit und jede Verletzung gehören in die Hände des erfahrenen Arztes, doch diese überlasteten Sterblichen könnten ein wenig geschont werden, wenn die Tänzer sich nur tatsächlich bemühten, Unfälle zu vermeiden und sich in guter Kondition zu halten. Mein kurzes Kapitel wird seinen Zweck erfüllt haben, wenn einer meiner Ratschläge, die ich hier gab, ihnen hilft, dieses Ziel zu erreichen.

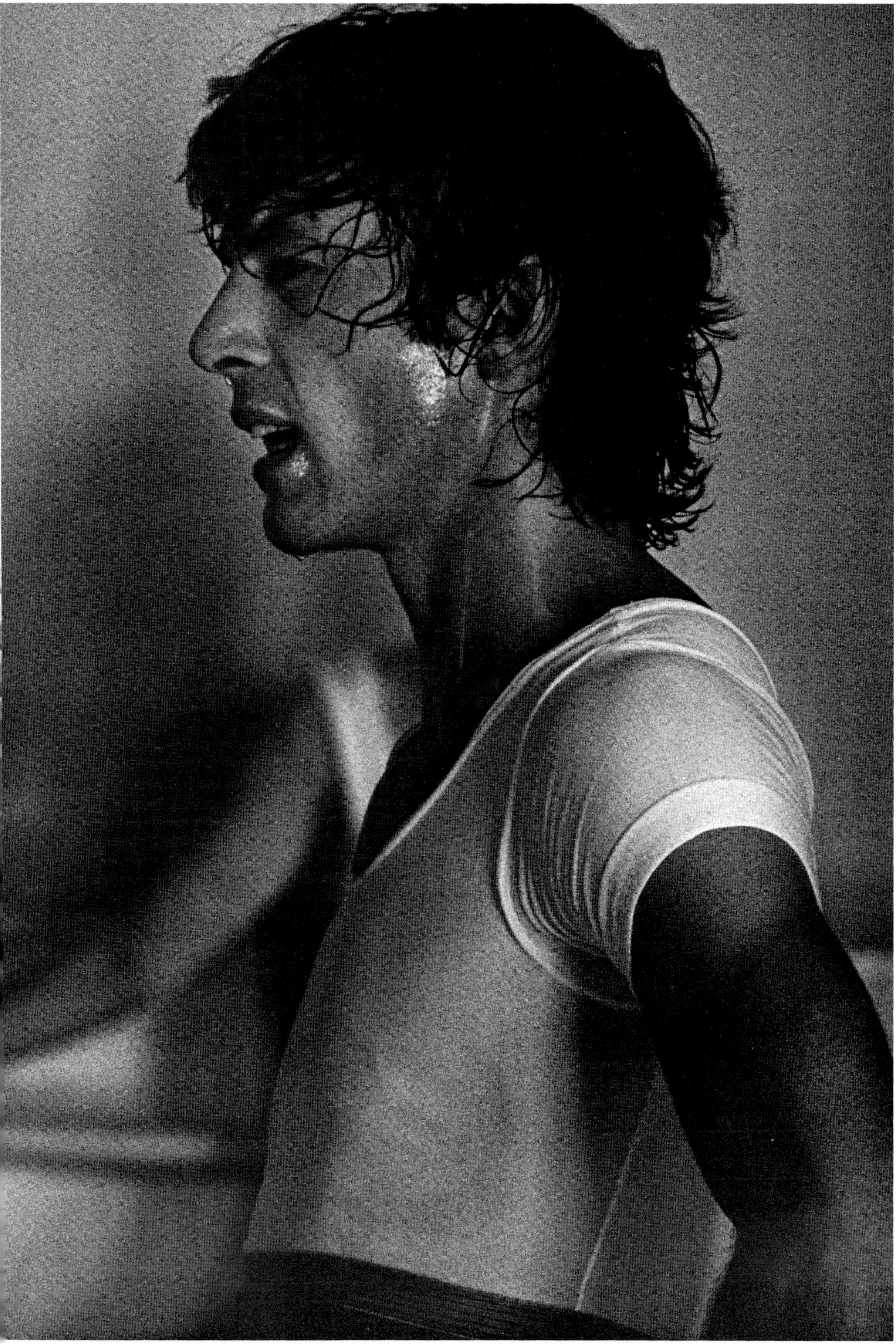